全国小学生校园美文精品集萃丛书

七色阳光
小少年

飞翔的青春鸟

《语文报》编写组 编

时代文艺出版社

图书在版编目（CIP）数据

飞翔的青春鸟 /《语文报》编写组编. —长春：时代文艺出版社，2018.8（2023.6重印）
（"七色阳光小少年"全国小学生校园美文精品集萃丛书）

ISBN 978-7-5387-5890-0

Ⅰ.①飞… Ⅱ.①语… Ⅲ.①作文－小学－选集 Ⅳ.①H194.4

中国版本图书馆CIP数据核字（2018）第125474号

出 品 人	陈 琛
产品总监	郭力家
责任编辑	王 峰
助理编辑	史 航
装帧设计	孙 利
排版制作	隋淑凤

飞翔的青春鸟

《语文报》编写组 编

出版发行 / 时代文艺出版社

地址 / 长春市福祉大路5788号 龙腾国际大厦A座15层 邮编 / 130118

总编办 / 0431-81629751 发行部 / 0431-81629758

官方微博 / weibo.com / tlapress

印刷 / 北京一鑫印务有限责任公司

开本 / 700mm×980mm 1 / 16 字数 / 153千字 印张 / 11

版次 / 2018年8月第1版 印次 / 2023年6月第5次印刷 定价 / 34.80元

编　委　会

目　录

那芬芳的日子

001

又见枝头吐新绿

似花还似非花

003

像泰山一样飞跃

照片里的全家福

那芬芳的日子

　　重读《红楼梦》，我仿佛又到了那富丽堂皇的大观园。在海棠社陪众人吟诗作对，看着黛玉悲伤地葬花，为宝玉和黛玉凄惨的结局而痛心。

那芬芳的日子

缪　婕

　　经过了一季的守候，花朵悄然绽放，那沁人心脾的香气，使得世界都芬芳起来。

——题记

　　前年暑假，我到表姐家做客。在表姐家的那段日子，真是令人难忘的芬芳的日子。

　　表姐是一个品学兼优的学生，她最大的爱好是阅读。在她家的书橱里，有各种各样的书，我数都数不过来。

　　表姐看书时很安静。她常常坐在阳台上，沐浴着阳光，品一杯香茗，捧一本好书。渐渐地，我被那种静谧、安宁的氛围感染了。我也学着表姐的样子，捧着一本书在阳台阅读，被阳光抚摸的感觉真的很舒服。

　　我们除了在家看书，很多时候，表姐会把我带到图书馆。在那里，我们可以选一本自己喜欢的读物来看，有时就是席地而坐，那种指尖摩挲纸页的感觉真好。图书馆里，没有烈日的暴晒，还有空调，环境幽静，我们常常一坐就是一个下午。

　　重读《红楼梦》，我仿佛又到了那富丽堂皇的大观园。在海棠社陪众人吟诗作对，看着黛玉悲伤地葬花，为宝玉和黛玉凄惨的结局而痛心。

读沈石溪笔下的作品，《狼王梦》《王妃黑叶猴》让我感受到动物其实和人一样，都有着丰富细腻的情感。在动物与动物之间，同样有着亲情、友情、爱情……这些感情甚至比人类之间的感情来得更为真诚、深厚。《红豆鸟》则讲述了一群孩子和一位护林员保护红豆鸟的故事，告诉我们人与动物应该和谐相处。

读《盐丁儿》，让我看到了一个封建贵族家庭中，一个不受欢迎，遭人嫌弃的"盐丁儿"格格，以顽强的精神和毅力，不放弃学习，刻苦读书，最终成长为一名合格的红军战士。我被她不屈不挠的精神打动了，也为她热爱学习的精神所感动。

读《穆斯林的葬礼》，我好像也陷入了穆斯林家庭几代人的爱恨纠葛中，为他们并不美好的结局感到悲伤。

……

文学之花在那段日子里绽放，芬芳着我和表姐的心。

每读完一本书，我都会和表姐进行交流，我们的感情也越来越深厚。

那段芬芳的日子真的令人难忘。

003

那芬芳的日子

响 指 趣 事

佟 格

本周，一种无须太多体力、脑力，又乐趣无穷的"手指游戏"风靡全班——这"手指游戏"，其实就是打响指。

呵，班里的同学也愈加地会玩了嘛。的确，还有同学开创过"室内篮球""室内乒乓球"在班上广为流传。不过，这些都因为危险系数太高被班主任明令禁止，所以才衍生出这样一种"简单又好玩"的"手指游戏"。

这打响指的"文化传播者"是毛雨竹同学。先前，毛同学已经参与过"室内篮球""胶带擂台赛"等诸多老师屡禁不止的游戏。现如今，本性贪玩的他早就改玩打响指，并乐在其中啦。

最初，只是他单独一个人玩响指："吧嗒！吧嗒！"左右手轮换着玩儿，有时还冷不防地在别人耳边来上两下："吧嗒！吧嗒！"瞧着别人大惊失色的模样儿，那毛同学是甚欢心呐。

班主任王老师看不顺眼了，她劝阻了毛同学，并谆谆教诲他戒掉响指。

毛同学乖乖地戒掉了它，日后再没敢打过了。

不要以为毛同学停止了打响指，其他同学也就跟他一样了。其实不然，打响指声在班里至今仍不绝于耳，很多人对这乐此不疲。

说说我座位前面两位男同学吧。一个是"做题达人"朱锐同学，另一个是"阅读狂人"张行泰同学，他俩本是无话可说的，就是因为打响指有了共同语言。

一日课间，朱同学耀武扬威地行至正专心看书的张同学跟前，得意扬扬地在张同学耳旁打了一声清脆的响指。"吧嗒！"似是向张同学发起挑战，更像是一种炫耀和卖弄。张同学放下书，不屑地用拇指快速、自然地摩擦起另两个指尖，猛地擦出两声清亮的脆响："吧嗒！吧嗒！"听上去比朱同学的更加清脆和响亮。朱同学怔住了，平时傲人的高姿态转瞬即逝，口目都不约而同地张得大大的。张同学继续泰然地看书，朱同学的内心却一点儿都平静不下去了。他万万没想到，高手在民间啊，自己刚才的行为在张同学眼中无疑是班门弄斧，不过尔尔。

朱同学为了挽住颜面，连连拱手作揖："从今日起，我就拜张行泰同学为师，学习如何更好地打响指！"旁人看来，都有些哭笑不得。

万万没想到，张同学还真答应了："好，非常好，我非常需要像你这样的学生！"俩人的手，总是热乎乎地握着，握住不散。

一响指，打天下。

想念我的奥利奥

杨　赛

总是天真地以为现存的美好是永恒的，直至失去才明白生命的短暂。

前不久，陪伴我多年的小博美，那只被我称作"奥利奥"的有着处女座性格的小狗，在我的安抚下身体逐渐变得冰冷、僵硬。我知道它有一天会离开我，却没想到它的死让我这样无法接受。

之所以给它取名叫"奥利奥"，是因为它就像奥利奥的那层夹心，是整个饼干里最美好的东西，而小博美也的确像块夹心奶油一样甜蜜可人：我吃饭时它在我身边摇头晃脑，我看书时它钻进我怀里探出个小脑袋；早上起床也会看见一个白色绒球蜷缩在我床脚。

买奥利奥的时候老板就说："这种狗可娇贵了，特难养活。"我家奥利奥只吃狗粮不吃肉，更别提饭了，而且一有病就得上医院，特烦。但奥利奥很干净，不掉毛，大小便从不随地解决，倒没有像有的人所说的会站在马桶上大小便那么神，而是一想要上厕所奥利奥就会在门上抓挠，给我们发出信号，等我们一开门，它就一溜烟地跑下楼去解决了。

奥利奥走后，家里像少了一个人，顿时显得空落起来。我给它做了好长时间才完工的奢华小窝变得空空荡荡；吃饭时也不会再有东西在桌子底下乱窜，脚边空空荡荡的。想起它刚被我领回家时那不安又惊恐的小眼神，想起它依偎在我怀里那讨好的神情，想起它看见米饭时那嫌弃的样子，我不由得再次感伤起来……

突然意识到从此以后，在我放学回家时，不会再有个小东西在我一进门的瞬间，蹿过来抱住我的腿；在我熬夜时，不会再有两只乌溜溜的眼睛盯着我看；早上起来时，也不会再有谁把我的鞋子叼过来……想着，心中一阵酸痛。这一切都变成了回忆，只能回忆；一切只有结局，没有后续。

看着家里未吃完的狗粮，妈妈似安慰我又似自我安慰地说："以后这贵死人的狗粮总算省下来了，还有，你也不用抱怨它的衣服比你多了。"

爸爸似乎比我们想得开，安慰我们："是生命都会有这一天的，这是自然的法则。"

是啊，许多人面临生离死别总是悲痛不已，但这一切在大自然中都很平常，不论是人、动物还是植物。世界上每天有许多新生命诞生，同时也有许多生命逝去，我们都将经历这种恒常而又普通的循环。不必太执着于逝去的生命，但我们可以享受他们陪我们度过的点滴和他们留下的回忆。

时至今日，在某个难熬的夜晚，我仿佛还会看见那双黑得发亮的眼睛，它蹲在那里，看着我，仿佛在说："好久不见，汪！"让我感觉它从未离开，只是活在记忆里了。

冷静地面对生命的浮沉，珍视曾经拥有的记忆，也是一种释然吧！

对"胖"说"拜拜"

缪　锐

"嘿，小胖。几天不见，你又长胖了哟！"早晨一到校，同桌就嬉皮笑脸地和我来个热情拥抱。得了，我这个"光荣"称号已经被人在嘴上不知挂了多少回了。这如此"庞大"的体型让我一次次被人嘲笑。

我妈说："你呀，自小长大就从没有跌过一次膘。"我的铁哥们儿汪鑫说："你真是我们班体积最大、海拔最高、占地面积最大的一位！"是啊，要不是我的身高和体型的比例比较匀称，我就是一座又矮又胖的"肉山"了！

因为胖，我也得到许许多多的"美称"：刚开始进入小学时，同学们见我胖，便叫我"企鹅先生"；待到三年级，大家推举出四个小天鹅——四个比较重的人，我很荣幸地位列榜首，成为我们班第一队四小天鹅队长，从此，我的称谓又变成了"天鹅队长"；再后来，步入高年级，我们逐渐地接受了一些新词儿，而我的新称号，什么"珠穆朗玛峰""小巨人""憨豆先生"等，如滔滔江水一般滚滚而来！

从此，我便对"胖"这个字产生了一种很莫名其妙的厌恶感。于是，我开始减肥了。我尝试着不去碰那些最爱的零食，并积极做运动，我每天做得大汗淋漓，气喘吁吁，还得注意只吃那些卡路里低的食物（这是我在网上查的新词噢，卡路里就是热量，也称脂肪）……可是，体重减下来，又反弹回去，半年下来，减肥不但没有成功，反而有上攻的趋势。

但是，我的意志依然坚定，我已经下定决心了，接下来要通过游泳将这个啤酒桶腰上突起的部分给它消除下来，让它永不反弹！希望这一次，我能彻底告别"胖"的烦恼，跟它说"拜拜"……

我的名字演变史

闫金秋

我的学名叫闫金秋。不过，在家里，家人都不喊这个名字。喊我什么呢？我的昵称不止一个哦，我依次来做个介绍吧。

奶奶说，我刚出生的时候，头上的毛很少，看过《三毛流浪记》的爸爸随口叫我"毛毛"。从此"毛毛"就成了我的乳名。有时候也叫我"宝宝"。据说给我入户口的时候，户籍警问我叫什么名字，奶奶说："宝宝——"爸爸说："毛毛——"阿姨笑了，把笔往桌上敲了敲，问："到底叫什么啊？"一家人这才发觉喊错了，爸爸不好意思地说："对不起，喊习惯了，孩子的名字叫闫金秋。"后来我问爸爸，"毛毛"和"宝宝"哪个名字好听？爸爸有点儿得意地回答："当然是'毛毛'好听啦！"我还没问为什么，他自己就解释说："憨态、活泼、可爱嘛！"

不知从什么时候起，家人喊我"毛蛋"。我以为是我爱吃鸡蛋的缘故，一看家庭相册里那张照片，我吃得胖乎乎、圆鼓鼓的，可不就像个蛋嘛！就这样，我的名字由"毛毛"演变成了"毛蛋"。

等我上了小学，家人常常给我一些零钱，要我饿的时候买点吃的，渴的时候买点喝的。我不喜欢买泡面、面包、卷馍一类，也不喜欢买汽水、绿茶、健力宝一类喝的。我最爱买蛋卷吃，几乎每天都要吃两个。妈妈见我每天拿钱不买别的，在我来上学的时候，总是递给我一元钱，"喏，蛋卷。"就这样，不知是喊我蛋卷，还是说给我的钱是买蛋卷用的，总之不喊我"毛蛋"了，总是"蛋卷"长"蛋卷"短的。渐渐地，其他人也跟着喊。好了，我名字又演变成了"蛋卷"。不知啥时候，我的小伙伴也知道了，无论在校内还是校外，他们也不喊我闫金秋了，喊我"蛋卷"。搞得我一时很不好意思。

"蛋卷"这个名字陪着我度过了小学岁月。

眼看我要升中学了。有一天，我和几个小伙伴到河里洗澡，猛然听到有人喊"卷毛"。我本以为喊别人呢，看到喊的人正朝着我，就问："喊谁呢？""喊你啊！"见我疑惑的样子，他好像不耐烦地说："你不知道自己头发自然卷吗？"我用手摸了摸，没有感觉。回到家里，我拿起镜子一照，真的，我的头发又黑又粗，还卷着，以前怎么没注意呢！不过，我总觉得"卷毛"是坏孩子的名字。我问家人怎么办，爸爸妈妈想来想去，最终决定，既然这样，就把"卷"字去掉，还叫"毛毛"吧！

"毛毛"（"宝宝"）——"毛蛋"——"蛋卷"——"卷毛"——"毛毛"，唉，我的名字演变了一个轮回呀！

寻找太阳

金温琦

盼望着，盼望着，好不容易盼来的春天却变了样。看，万物都没精打采的，花儿耷拉着脑袋，花瓣失去了迷人的光泽；小草垂头丧气的，没有一点儿生气；大树也不那么昂首挺胸了……整个世界都沉浸在阴沉沉的气氛中。

这是怎么啦？啊，原来是太阳公公不见了。

太阳公公到底去哪儿了呢？一只小鸟决定去寻找太阳公公。

远处，无数灰色的云团聚集在一起，小鸟急忙飞过去，问道："云朵姐姐，请问你知道太阳公公去哪儿了吗？"

云朵姐姐有气无力地摇摇头，说："我也不知道，最近，我和我伙伴们都被不明气体熏得病快快的，身体沉得无法漂浮。你还是去山谷爷爷那儿看看吧，或许太阳公公还在那儿睡觉呢。"

小鸟听了，马上拍拍翅膀，化作一道优美的弧线，冲向大空，他以最快的速度，飞到幽静的山谷里。山谷爷爷见有客人，放下了手中的《医学宝典》。

小鸟急切地问："山谷爷爷您好，请问您知道太阳公公去哪儿了吗？"

山谷爷爷愁眉苦脸地说："我也不知道呀，这几天，住在我这里的子民们都生病了，整天咳嗽个不停，我正为此烦恼呢，你到别的地方去找找他吧。"

小鸟告别了山谷爷爷，继续前进。

飞着飞着，小鸟觉得身子越来越沉，喉咙里像有什么东西卡住了，忍不住大声咳了起来。忽然，它看到不远处一片黑烟后面，透出一丝淡淡的光。小鸟奋力展翅拭去黑烟，惊喜地发现太阳公公就在这里。

小鸟一边大声咳嗽，一边对太阳公公说："太阳公公，我可找到你了，你快点去上班吧，天空中没有了你，一切都不美好了。"

太阳公公叹了口气，说："不是我不想去上班呀，只是地球上排出的各种废气死死地把我遮住了，我怎么都出不去，该怎么办呢？"

小鸟听了，沉思片刻后，让太阳公公等着，然后急匆匆地飞走了。

小鸟让大家把太阳公公被废气遮住的这个消息传递开来。

人们终于醒悟了，开始低碳行动：各个行业严格控制污染源排放量，在建造房子时，运用了穿堂风、采用隔热建材等建筑技术，不浪费能源依然清凉；使用地源热泵、江水源热泵，不消耗一点儿电力；在室外广场上，建造喷雾设施，通过喷雾降温，不仅解决了室外降温的难题，而且节能环保；家庭照明改用节能灯，选用节能空调，洗衣服时，尽量选择用手洗，洗剩下的水用来冲洗马桶；出门尽量骑自行车……

慢慢地，天空中的废气少了，太阳公公又按时上班了，灿烂的阳光穿过树叶间的缝隙，温暖地洒向大地。顿时，世界上的一切都明亮起来了，鲜花骄傲地抬起头，为自己穿上了五彩的衣裙；小草虎虎有生气，顽强地往上长；树木神气十足，绿得可爱。风轻轻的，草软绵绵的，整个世界是那么美丽！

给"感冒先生"买火车票

王晨曦

"感冒先生"来做客？小朋友们，"感冒先生"的那副尊容，你们都见过吧！要把"感冒先生"送回老家，可就得想点办法了——

今天早上，我正兴高采烈地走向学校时，忽然发现昨天刚刚托我买南京火车票的"感冒先生"今天竟又赖在我的身体里，不想走了！

我有些慌了，急忙问他："南京火车票已经给你买了，怎么还不走呀？"他不紧不慢地答道："多亏那位善良的西瓜大叔和可爱的妙脆角兄弟的大力协助，我才能再次寄宿在你的身体里。"我一想：原来昨天我西瓜吃得太多啦，而且又舍不得少吃点妙脆角，才让我与"感冒先生"再次重逢。

好不容易熬到了中午，我回到了家，便对"感冒先生"说："我今天太忙了，抽不出时间给你买火车票了，就让'蛇胆川贝'送你一程吧！"于是，我咕噜咕噜地喝了一勺"蛇胆川贝"先生。但这一勺，才给"感冒先生"买了八十公里的火车票，可我已经身无分文了，这离终点站可还有几百公里呢！

"感冒先生"坐着火车观光了八十公里的山水风光后，在"鼻中"车站下了车，不走了。原来这里的风景优美，资源丰富。"感冒先生"凭着强大的法力当上了首领。于是"感冒先生"，不、不——

那芬芳的日子

"感冒大将军"就统帅三军，杀进了我的鼻子，准备攻占这个据点，没想到，中途被"三九感冒灵"大元帅从后方包抄，又被"蛇胆川贝"先生从正前方突击，"感冒大将军"的部队终于被打得落花流水，惨不忍睹。

最后，我的一个大喷嚏把"感冒先生"送上了归途的列车。就这样，"感冒先生"的旅行结束了！

山间鸟音

张廷帅

014

假期，我来到了老家——秦岭山脉桃源村。这里可真是世外桃源哪！四面环山，高低起伏，连绵不断，山间林深叶茂，雾气缭绕。在白云的上面，几个山头若隐若现，依稀还可以看到山林中掩映着几间小土屋，升起袅袅炊烟。

这里人烟稀少，没有了城市的喧闹，没有了快节奏的生活，只看到对面山上几个山民，背着背篓在慢慢行走。奶奶告诉我，他们的背篓里塞满了新砍的柴火，上一次山，砍一次柴，走走歇歇，需要一天。

在弯弯曲曲的山间小路上走着，一片寂静。突然，我耳畔听到了几声清脆的鸟鸣声："咕咕嘎嘎——"这是什么鸟在叫？奶奶竖起耳朵一听，说："山鸡快飞来了！"话还没说完，一只山鸡从我眼前飞过，那羽毛五彩缤纷，漂亮极了，引得我心里痒痒，朝山鸡扑去。奶奶一把拽住我："不要乱跑，看好脚下。"我低头一看，哇，脚下就是万丈深渊，好险！

不断地往山上攀爬，山路越来越陡峭，参天大树却越来越多。奶奶向我介绍："这棵柿子树已经有两百年了。那棵核桃树是祖奶奶小时候种下的……"在这些树上，鸟巢随处可见，有的鸟巢大得像锅，有的鸟巢小得像蛋壳。大鸟巢里的鸟儿大，像母鸡；小鸟巢里的鸟儿小，像黄蜂。这些鸟样子不一样，叫声也不一样。"哇，这么多的鸟巢！这么多的鸟！"随着我的一声惊叹，"轰——"我的喊声震惊了林中的一大群鸟儿，它们扑棱着翅膀飞向蓝天，那阵势让我瞠目结舌。

我一路惊叹着。"咕嘟噜——咕嘟噜——"我听到对面林子里又发出鸟叫声，奶奶告诉我："那是白头翁。""这么多鸟，叫声都不一样呢。"我屏息凝神，仔细听着，"奶奶，听叫声，你就能说出鸟的名字来吗？"奶奶点点头说："近山识鸟音。听得多了，也就能听出它们的不同来了。"

我们坐在山头，静静地听。"吱哇——"一只黑色的大鸟在枝头飞过。"这是乌鸦，它的身子黑黑的，连眼睛都看不见。""叽叽喳喳——""那是喜鹊，它一叫，就表示有喜事来了。""咕咕——咕咕——""那是野鸽子，说明它找到野果了。""落落落落嘘——""这是草鸯的叫声，这个声音表示今天天气不错。""叮咚——叮咚——""听，琴鸟在弹琴呢。""滴溜儿——滴溜儿——吱咕咕——吱咕咕——""鹧鸪和云雀在抢食呢。""吱扭吱——""哎呀，是斑鸠在叫，它准又占了鹊巢了。"

"嘟嘟——嘟嘟！""嘎啊——嘎啊——""啊噢——啊噢——""得儿咕——得儿咕——"

望着眼前层层叠叠的山峰，对着山下的谷底，我吹起了口哨，应和着鸟鸣，一曲山间鸟音久久地在回荡。

陶醉青海湖

范泽凯

青海湖是个美丽的地方，它的蓝，它的清，令你陶醉。

来到湖边，你会发现，它不是湖，是海！一望无际的蔚蓝色湖水，在阳光的照射下，波光粼粼，如万片碎金。仔细看，湖水的颜色蓝中带绿，层层叠叠的白浪花，一排高过一排，如滚筒般翻卷。刹那间，便扑上沙滩，湮没黄土。一会儿，它又像一个玩累的孩子，迅速地退入蓝色的湖中。偶尔有几只青蛙在湖边蹦跳，冷不防跌入水中，很快便融入蓝得发亮的湖水中。

青海湖，一是蓝，二是清。清澈的水，宛若天真少女晶亮的眸子。人在岸边，可以清楚地看到湖底的圆卵石和漂浮的水草。一阵风吹过，那湖水晃动起来，将水中的景物摇曳，那清得透亮的感觉定会让你神驰意荡、心醉神迷。

陶醉你的不只是蓝而清的湖水，还有湖边大自然的气息。强劲的风搅动湖水，也吹来环湖的所有气息。瓦蓝湛清的湖水醉了你的眼睛，泥土草叶的芳香沁人心脾。

离湖边不远处，几座被云雾环绕的青山静静地耸立着。山顶的云雾，仿佛一层白纱，又仿佛袅袅炊烟，在盘旋嬉戏。青山的绿，此刻已被云雾包围，只留一片朦胧的青翠。这几座山，为青海湖增了几分神秘的色彩，与青海湖相映成趣，非常和谐。

有时，天空有几只白鸟飞过，它们也陶醉于这蓝得无瑕的湖水。叽叫一阵，或三五成群，或排成一排，在青海湖上飞来飞去。活泼淘气的它们为青海湖平添了几多生机。

青山、蓝湖，无边的旷野，翻飞的经幡、嬉戏的人群……这是一幅多么绚丽而引人入胜的青海湖画卷呵！置身其中，你说怎能不陶醉？

雨中漫步

罗斐然

在大雨中漫步，享受大自然的洗礼，这种好事我怎么能错过？

我撑着雨伞，走在大路上，看见那随风摇摆的树枝，心里别提多高兴了。那树枝上密密麻麻的树叶，每一片都被雨水洗得闪闪发光。那像钻石一样的水珠，轻轻地抚摸着绿叶，让所有树叶都好像是被打磨过的翡翠似的。那些柔嫩的树枝像小孩子的头发，被风这位美发师"修理"着，叶脉一条条的，清晰可见。

走了两三步，突然，一阵清香涌入我的鼻中。难道是口香糖的味道？不对不对，不是口香糖的味道，它的味道没这么浓。我又用力嗅了嗅，探头一看。啊！原来是"野火烧不尽，春风吹又生"的小草，它们仿佛是春天的"充氧器"，在雨水的浸泡下，散发出甜甜的清香。任何人走到小草和大树茂盛的地方，都会觉得身心舒畅、精神百倍。

　　蹲下来仔细看看，我发现草叶上面凝结着许多水珠。水珠一滴一滴，密集地聚在一起，好像给小草穿上了一副珍珠铠甲。

　　雨下得更加猛烈了，雨点儿犹如一个个舍生取义、为国捐躯的战士，奋不顾身地往下跳。于是，地面的灰尘被消灭了，汽车的尾气被消灭了，连我心中那些不愉快的往事似乎也都被冲散了。

　　天空上的云变了，本来是薄薄的云，现在却铺天盖地多"盖"了好几层，好像那些乌云的堡垒随时都要塌下来似的。不一会儿，云又变了，黑色的"病毒"已经深入了"骨髓"，本来灰蒙蒙的云变成了狰狞的黑云，像一个刚刚逃出囚笼的混世魔王，恐怖至极。我却没有丝毫害怕，反而感觉这雨很可爱。这不就像爸爸装腔作势黑着脸批评我一样吗？爸爸才舍不得惩罚我呢！

　　我听着雨水打在地面上，"嗒嗒嗒"，像钟表走动一样；雨水打在树叶上，"沙沙沙"，像乐队摇晃着沙锤；雨水打在汽车上，"嘣嘣嘣"，像手指在快速敲响木门。这些声音糅在一起，我仿佛是在听交响乐队演奏优美乐曲。

　　雨小了，是不是天空也累了？我双眼直直地望着天空，黑色的云慢慢退去，又留下一片灰蒙蒙的天空。雨后会不会出现彩虹呢？望望越来越明净的天空，我想，应该会吧，一定会的。

我不为那件事后悔

郑成茹

马上就要放假了，小学同学小丽火急火燎地跑来找我。我诧异地问："你怎么跑我们班来了？"

小丽有些尴尬地看着我，嗫嚅着说不出话。"怎么了？"我有点儿急了，"出什么事了？"小丽吞吞吐吐地说："你……能借我点儿钱吗？"说这话时，小丽的脸涨得通红，不知是不是因为还没从剧烈的奔跑中缓过来。

"你要钱干吗？"我小心翼翼地问。

"我妈的胃病又犯了，村里买不到她平时吃的胃药，所以叫我在县城里买了帮她带回去。可我把这事儿忘了，没有留余钱买药，我妈知道了准会骂我，好班长（我小学时当班长），你借我点儿钱，我下周返校时还你！"小丽苦苦"哀求"道。

胃疼可不好受啊！我自忖着，妈妈交代的事没有完成一定很难过，况且是买药，她又不是干别的事，就借给她吧。

"那你要借多少？"我问道。

"五十块行吗？"小丽试探着问。

我掏出钱包，刚好有五十块钱，便把钱递给了小丽。小丽接过钱，一边一个劲儿地道谢，一边一溜烟儿地跑远了。

第二周回校，我正好在校门口见到了小丽。"小丽！"我一如往常地打招呼。可小丽却好像刻意躲避我似的，始终不朝我这儿看。那躲躲闪闪的神色似乎在隐藏着什么。她明明看见我了嘛！

接下来的几天，每次在校园里见到小丽，她要么对我视而不见，要么远远地就躲开了。那五十块钱我也没有办法再要回来，我磨不开脸去她的宿舍堵她。

一次与朋友聊天时谈及这个话题，朋友惊讶地说："你怎么能借钱给她呢！她这个人，借钱不还，早就臭名昭著了。估计是同班同学借不到，她才会想到你这个不知情者吧。"

"为什么这样？小学时她不是这样啊。"

"估计是她妈妈的病闹的吧，总治不好，家里又贫困。"

"噢……"我恍然大悟。

"后悔了吧？"朋友惋惜地问。

我笑了笑，没有回答。

我心里并没有后悔。因为在知道真相之后，我看到了一个孩子对母亲的孝心。虽然小丽的处事方式不太妥当，但我不想责怪她，我觉得，不管是谁，都应该成全这份孝心。

又一个放假前夕，我托小丽的同桌又给她送去了五十元钱。

猫之冥想

邱子恒

　　"我是猫，快乐的猫……"看着电视里那些活蹦乱跳的歌星，我——这只活生生的猫，也不由自主地随她们的舞步跳动了，我真想从沙发上跳下来，扭动我"丰满"的身子，和她们同歌共舞。可是，看看那能照出猫影的地板，我伸出的脚又收了回来。在那么光滑洁净的地板上跳舞，安全系数有多高？理智告诉我：生命重于一切。

　　身为一只猫，我凭借着自己高超的捕鼠技术，为主人家立下了汗马功劳，自然受到了主人的"另眼看待"。他们一家老小给我新鲜上好的鱼吃，专门为我设了一间"猫屋"，为我量身定做"时尚猫衣"，还经常给我洗澡，带我到小区草坪享受"日光浴"……"集三千宠爱于一身"的我，与那些好吃懒做、流浪街头的同胞相比，我是在人间天堂，它们则是在人间地狱。

　　一只猫能有这么高级别的待遇，应该高兴得飘飘然了吧？可这几天，我突然觉得日子过得太安逸，也太无聊了。捉老鼠吧，这楼上楼下处处洁净光亮，哪还见得着老鼠的踪迹？思绪飘飞回几年前，那时，主人还住在老宅子里。我一日三餐，除了主人啃剩的鱼骨头，便是老鼠了。说起捉老鼠，我可真是能手！无论多么狡猾的老鼠，撞见我，就是撞在了枪口上——立马得到阎王爷那儿报到了。虽说一个晚上下来，没歇过几回，但活捉老鼠的快乐绝不亚于奥运夺冠——那种喜悦，真让我有一种飞天般的感觉。

可是现在，那种汗水浇灌的日子已成为历史的记忆。在这豪华别致的别墅里怎么可能会有老鼠呢？唉，这不是把廉颇送进作家协会，把梅兰芳送进哑剧院吗？真是应了那句话——"英雄无用武之地"呀！

"吱——吱吱——吱……"哈，真是"想曹操，曹操就到"，老鼠来了！我立即精神起来，直奔声音传来的方向——主人的卧室。我冲进卧室，眼前的一幕让我的心一凉，什么老鼠呀，主人的手机躺在床头唱着"躲猫猫"彩铃——那是主人担心我荒废"猫业"而新设的。晕！我腿脚一软，躺在了地板上。

022

我会永远想你

刘艺卉

抬头望叶梢，已是午时风吹草动，雨落花季光阴似马蹄，跨过了这些年的岁月，我不明白永远是多久，但我会永远想你。

——题记

我们手牵手走过了过去风风雨雨的世界。
我们心连心抹去了所有纷纷扰扰的伤痕。

我记得你一如既往的笑，那样甜美，那样纯真。我记得你挥着手对我说：要坚强，要努力让自己幸福。我记得你给我讲的那个没有结局的故事，字里行间满是欣慰。

　　可是，你永远都不懂，世界中，还存在想念，存在爱，存在一些你认为空虚的词汇。但是我会带着你一步步去探索，去钻研，去发现这些美好的存在。风吹过脸颊，仿佛一场梦，将醒未醒，诠释着那些我怀念的过去。

　　你离开的前一天晚上，我靠着枕头，捧着一本小说，哭得稀里哗啦。我觉得，我单纯得像个刚出生的孩子，还搞不清我们之间必分的定局。那夜，雨下了整夜，我的泪也停不了。

　　第二天，直到九点钟，我才赶去送你，因为我不敢，我怕我会不由自主地跟你去广州，或是哭得像个泪人让你不安心。我赶到的时候，你已经上了火车，留下一个挥手再见的背影。"加油，要坚强，要努力让自己幸福！"声音越来越小，背影变得遥不可及。

　　距离，距离，剪断了我最后的一线希望。

　　秋天的雨飘洒着，心中的热却不退，即使闭着双眼，你熟悉的脸又会浮现在眼前：我记得你斜斜的刘海儿，小小的眼睛，润白的皮肤，暖暖的笑意。芷静，你还记得我们之间的故事吗？

　　头仰星空，繁星点点，月光照在脸颊上，滑下两滴相思泪，学你一样点头笑。我不知道我们之间的距离，但我们的心叠在一起，我不明白永远是多久，但我会永远想你。折两颗纸星星，纪念这个流过无尽泪的少年时期，芷静，我会想你的，永远会！

做自己人生的船长

陈林攀

凝视。

看，那蔚蓝的海水，波光粼粼。忽然，前浪推起后浪，原本水平如镜的海面，突然波涛澎湃，卷起万层浪，看得人惶恐不安。海上的航船晃晃荡荡的，好不平静。

你能想象的：海上不幸的事件，那一件件沉船翻船的悲惨事件。但凝视中，似乎有人挺了过去，船长正在高举旗帜呐喊着。

思考。

听，那怒吼的海啸声。人生往往也是如此。在现实生活中，由于自然灾难或社会、个人条件的限制，我们随时都可能接受大小、轻重不同的挫折和困难的挑战，但结果往往取决于我们的选择。前者随波逐流，消极悲观，后者乘风破浪，积极乐观。感叹，人生就握在船长的选择中。

联想。

航行，谁也不能保证一帆风顺，但是有一点可以保证，期间所受的挫折将使人们得到锻炼。我们是否可以尝试向命运挑战。作为平日习惯了"学校—家里"这两点一线之间的生活的我，突来的挫折和困难也为我的生活增添了一些色彩。有的人觉得困难和挫折会对身心造成打击和压力，我却不以为然。面对它们，我有时镇定自若，有时也焦虑不安，但只要冷静对待，不灰心丧气，胜利的曙光就在眼前。千万不要迷失了方向，树立起目标与梦想，重新出发。

感悟。

人生在于不断磨炼，不断进取。海上的航行，最主要的是有坚定的信念和过关斩将的决心。挫折和困难不会无故向你低头，只有凭着你冷静的思考，处理事务的经验，对梦想的执着追求，即使再大的风浪也会挺过去的。做自己生命的主宰，让生命成为永恒。

让我做自己人生的船长，扬起帆，向未来进发！

竹 里 馆

安雨洁

独坐幽篁里，弹琴复长啸。

深林人不知，明月来相照。

月，早已在不知不觉中爬上了那幽蓝的夜。

我很喜欢月夜，喜欢这份恬静、安逸，所以我坐在这安静的林子里，就这么坐着，享受这只属于我的月夜。

这月夜，这情趣，那些达官贵人没有，他们浑身酒肉臭气，只有美人美酒。这也不属于那些头悬梁、锥刺股的年轻人，他们被权势名利冲昏了头，陪伴他们的只有一盏孤灯。这更不属于那些商人，他们眼神空虚，眼里只看得见银子，俗不可耐。这月夜属于古往今来那些和我一样，想给灵魂放个假的人。

我，独自坐在幽静无人的林中，朦胧的月色轻轻地洒在了竹子上，墨绿色的竹子披上一层银辉后，显得更加圣洁、庄严、不朽了。

竹林有些暗，但有月光就足够了。不需太亮，只要心里那份光不灭就行。环望四周的竹林，我仿佛置身于一片诗情画意之中。

那竹林，大自然的不朽之作，那颜色，哪是我可以调出来的？那才是大手笔，毫不拘束又不显杂乱无章，我在这位大师面前赞叹不已。

置身于如此美景我不禁想要弹上一曲。

音乐，从指间流出，拨动着每一根弦，我的心也随之颤动。

静谧的林中，我坐在琴前，希望可以捕捉到自然的音律。优美的琴音，像叮咚的溪水，这是自然的心灵；优美的琴音，似呼呼的风音，这是自然的脾性；优美的琴音，如竹子从泥土里钻出来，这是自然的灵魂。

我掐下一片叶，含在嘴边，希望可以吹出美妙的音乐。

不错，这音乐是美的，是自然的，这是自然的一片叶，是属于竹林的，那种意境，才是自然真实的本色，无论怎么吹，都和谐又美好。深山中的这片竹林，无人知晓，但美得让人惊叹，那绿色的林子，美不胜收；淡淡的月光下，深吸一口气，似乎能感受到自然田园生生不息的活力。

明月的光照在深山林里，美极了。

让　座

季雅静

初秋的午后，一切显得那么温和、宁静。周末回家的我心情愉悦起来，步伐也加快了不少。我信步登上缓缓驶来的公交车。

这人也太多了吧。我在心中忍不住轻轻地哀号了一声。咦，那里有个空位，我一个健步冲上去，解放了大包小包的我软软地瘫在椅子上，一动也不想动。

公交车晃晃悠悠地启动了。

我静静地坐在椅子上，开始百无聊赖地观察着车厢内形形色色的人。

有和我一样回家的学生，有带着孩子的妇女，还有一对对青年男女。其中一个伛偻着身体的老人引起了我的注意。他上身穿一件洗得发黄的白衬衫，下身的裤子沾着好些灰尘，手上还紧攥着一个蛇皮袋，显然是刚上车。老人布满皱纹的脸上写着满满的无所适从。他的旁边坐满了人，但都表情冷漠，似乎看不见他，还有人在老人经过时掩住了口鼻，仿佛闻到了什么恶心的气味。我的心狠狠地抽动了一下，对这位老人，我决定不再视而不见。重新背起大包小包，我打算起身让座。这时，只见跟在老人身后上车的一个衣着鲜亮的青年一手捂着口鼻，一个侧身麻利地越过老人，径直向我的座位走来。

咦，好一条灵活敏捷的"泥鳅"啊！

青年站在我的身边，期待着我的离开。嘿，我还就不让了！随即，我又淡定地坐了下来，顺便用冷漠的眼神瞥了青年一眼，跟他们看向老人的眼神一样。我想，那时的我就像一块石头一样冷吧！

不顾青年略带愠怒的眼神，我向老人喊道：

"爷爷，过来这里坐！"

老人黯淡的眼睛瞬间被点亮。

当老人那粗糙的大手握着我的手时，我感觉到他手中的老茧传递出的温暖，那是一种真心的感谢。那一刻，我的心比棉花还柔软呢！

钓鱼乐哈哈

刘子君

想让我乐哈哈地笑起来可不容易哟！可是，去年暑假里的那件事让我好几次都从梦中笑醒。

去年暑假回到老家，正好那几天阳光明媚，天气晴好，是钓鱼的好天气，表哥他们决定带我去钓鱼。我对钓鱼可是一窍不通，表哥鼓励我说："可以学嘛！"到了那里，他们给我一把小椅子，让我先坐一边观察学习一会儿。

那些乡村孩子经常钓鱼，抛鱼饵、收竿等动作都十分熟练，钓起鱼来可谓得心应手。表哥最老练，拿起鱼竿就将鱼线往下抛，我连忙喊："等下！你没上鱼饵呢！"表哥说："这不是吗？"说着便指向钩子。我仔细一看，确实有一团肉乎乎的东西，我说："可是我不记得你带鱼饵啊。""真是笨！蚯蚓呀！蚯蚓可以当鱼饵的！"原来如此。这时，一个男孩儿低声说："鱼来了。"我一看，鱼漂正在一沉一浮。表哥小声说："鱼正在试探呢！"这时大家都静悄悄地等着，连大气都不敢出，生怕把鱼儿吓跑了。大概那鱼见没有危险，便张嘴咬了钩，鱼漂迅速地被鱼拖入水中。说时迟，那时快，那男孩儿使劲儿一拉，一条银光闪闪的鱼便离开了水面。那个男孩儿很兴奋，我更是兴奋，尖叫着拿来事先装好水的水桶，紧盯着那条鱼。鱼拼命地晃动身体。那个男孩儿把鱼连拖带拉地扯了下来，然后迅速地放进了桶里。鱼一进去就使劲儿地跳动，最终还是停止了挣扎。我把桶盖上半边，便继续看他们钓鱼。

渐渐地，他们钓到的鱼越来越多，我坐不住了，心痒痒的，跃跃欲试！这时表哥把鱼竿递给了我，我一把接住，就按照他们传授的技巧，做起了钓翁。我双手紧握钓竿，小心翼翼地把它放进水里，然后就等鱼来上钩了。我的心思像一条小鱼，在鱼钩周围游来游去；我的目光聚集在那根小小的鱼漂上，等待着我的鱼儿快点儿上钩！鱼儿不知道是欺生还是怎么回事，就是不上我的钩，急得我团团转。转眼间，二十分钟过去了，可对我来说，似乎像熬过半个炎夏那么长，鱼还是没有上钩。而此时，强烈的阳光正火辣辣地烤着我，汗珠一滴滴地往下掉，我的手脚也开始麻木起来，可我还是咬了咬牙，没有动。

再看看表哥，接二连三、一条又一条地钓上来鱼。我有些急了，就提起钓竿去向表哥请教。表哥说："钓鱼的时候一定要把钓钩抛到打鱼窝儿的地方。如果浮子动了一下，说明有鱼在试探。这时，你千万不要动。等到浮子猛地往下一沉，这时，你要赶快往上提钩，迟了鱼儿就吞下鱼食游走了。"噢，原来如此，我懂了，赶紧回到原来的地方继续钓鱼。

很快，夕阳西斜，在"日落西山红霞飞，伙伴钓鱼把家归，把家

029

归……"的歌声中，我和表哥他们提着水桶兴冲冲地回家了。

钓到鱼的感觉真不赖，一想起那天钓鱼的事儿，我就乐哈哈！

山林遇险记

刘佳凡

想起那次在山林中遇险的经历，我至今仍心有余悸。

去年暑假的一天，我和一个好朋友相约到离村十余里的山上采山货。瘦他子天生有些胆小，在上山途中几乎与我寸步不离。为了壮胆，我俩每人找了一根一米多长的木棍拿在手里，算是我们的"防身武器"。

山上的景色真美呀！头顶上，繁茂的树木遮天蔽日；脚下，是软绵绵的草地，一些不知名的野花竞相开放；山间，不时传来一阵阵清脆婉转的鸟叫。看着这美丽的景色，我们心中的那点恐惧早已消失得无影无踪了。

上得山来，就开始采集山货，我们像寻宝似的不放过每一寸地方。这里的山货可真不少——野山楂、野葡萄、各种野蘑菇，应有尽有，不一会儿，我们就各自装了大半兜。正当我忘我地寻找山货的时候，突然听到他"啊——"的一声尖叫，我急忙跑过去。眼前的情景把我惊呆了。原来，离我们不远处，一条一米多长的蛇正虎视眈眈地盯着我们。只见那条蛇蛇头高高地昂起，忽左忽右地摆动着，口中吐着信子，像是在向我们挑战。听大人们说，遇到蛇千万别跑，于是我拉拉好朋友的衣襟，示意他别动。我们握紧了手中的木棍，随时准备战斗。对峙了三四分钟，蛇终于忍不住了，慢慢地靠近我们。不知哪来的勇气，没等蛇发起攻击，我的棍子已经猛地向蛇头打去。好朋友也醒过神来，挥起了手中的木棍……在我们的猛烈攻击下，那条蛇落荒而逃。

真是有惊无险呀！我俩长吁了一口气，擦擦额头上的冷汗，哪里还敢久留山林，一溜烟儿地下了山。

一路上，看着兜里的山货，想着那惊险的经历，我俩真是又高兴，又害怕。从那以后，我就再也没敢登那座山了。

那芬芳的日子

又见枝头吐新绿

　　我所遭遇的一切，我所做错的一切，只会化为滋润心灵的养料，在来年春天孕育最好的成长。所以我有勇气笑，有勇气说："一切都会好的。"

我家的星期天

周　乐

　　星期天，天气晴朗，阳光透过纱窗照进屋里，闪亮的光点好似一个个跳跃的音符，微风撩动窗帘，安静清爽。爸爸妈妈难得不上班，我们全家一起享受这安闲的时光。

　　吃过早饭，我心血来潮，把闲置了很久的跳棋拿了出来，兴冲冲地邀请爸爸妈妈来一局。

　　棋盘摆在茶几上，红、黄、绿三方各就各位，严阵以待。爸爸妈妈和我都摆出了必胜的架势，以强大的气势迎接激烈的战斗。

　　比赛开始了，各方都小心翼翼地移动着自己手下的士兵，既要为自己搭桥，又要拦截对方的去路，每走一步，都小心翼翼。

　　很快，红、黄、绿三方相遇了，棋子互相冲入对方阵营，开始混战，比赛进入白热化阶段。我的红色棋子像一个个斗士，冲锋陷阵，勇猛无比，不一会儿就有三名猛将率先闯入对方的营地，它们有的负责铺路，有的负责挡住对方的路，有的准备启程，井然有序。爸爸呢，他只派一名将士冲锋陷阵，其余的则慢慢地挪动着。我灵机一动，瞅准时机，轻轻挪了一步棋，不动声色地挡住了爸爸的去路。爸爸见状，眉头紧锁，手托着下巴做沉思状，却奈何不了我这个半路杀出的"程咬金"，只好叹了口气，象征性地挪动了一下他后方的那些

"老兵残将"。我心中暗喜,不免得意起来。

　　妈妈一直在聚精会神地盯着棋盘,她走的每一步,看似不动声色,实际上都十分巧妙,正中要害,我好一顿腾挪拆解,才稳住了局面。我一面暗暗惊叹妈妈精湛的棋艺,一面无奈地承认第一名非她莫属了。

　　比赛接近尾声,没想到就在这时,场上却发生了天翻地覆的变化,爸爸手下那些看似软弱的小兵,好像一下子生龙活虎起来,原来他先前走的每一步都是在"搭桥",这让我惊叹不已。而妈妈却不慌不忙,宛如有周密的计划般部署着,一步步到达了目的地。我的红色棋子先前出尽了风头,大多数已经胜利会师了,正当我得意扬扬之时,却发现我的会师阵营中有一个位置空着,我心里一惊,看见有一个棋子还在老地方待着呢!我尴尬地硬着头皮一步步挪动着,爸爸妈妈看到我窘迫的样子,都忍俊不禁。

　　这局棋走下去,我是必输无疑了,但我脸上却是笑嘻嘻的,输就输吧,没什么大不了的。再看看爸爸妈妈的笑脸,显然,我们三个都在享受一家人一块儿下棋、其乐融融的星期天。

035

情愿不长大

陈德岳

　　高晓松说:生活不光只是眼前的苟且,还有诗和远方。在繁忙的学习之余,不要忘了时时抬起头,看看四周,看看风景,看看远方……把眼睛擦亮，把心灵打开，把你的感触留下来。你可以为逝去的童年友谊惋惜，可以因为成长中的功利和世俗而愤慨地说"情愿不长大"！你可以让自己的血液里住进风和倔强，不屈服，还可以欣赏自然风景，感叹风物变迁，情牵文学之手……在这里，随你，随心。

我喜欢看动漫，看到痴迷时，或嗔或怒，或喜或悲，俨然忘记自己身在何处。最爱的一部片子是《我们仍未知道那天所看见的花的名字》，片子讲述的是几个童年挚友因伙伴面码失足落水致死感到愧疚，彼此逐渐疏远。几年后，面码的灵魂突然出现，促成几个伙伴再次走到一起。影片中，当看到男主角仁太在月夜背着虚弱的面码在无人的街道上狂奔时，我泪如雨下。他们追寻的何止是童年时见过的不知名的花儿，分明是失落的童真和梦想！

我也有一个童年时的伙伴，我们一起在大院里长大，夏天捉迷藏，秋天捡落叶，冬天打雪仗……可是自从上了不同的高中，我们见面时也只是礼貌地点点头，即使聊天，谈得最多的也是彼此在年级的排名。前不久，北京下了今冬第一场雪。初雪中，我们相遇。没有寒暄，他第一句话便是问我期中考试全区排多少名……飘飞的雪中，远远地看见他驼着背，背着大书包走远的背影，我的心里升起一阵酸涩，为我们逝去的童年友谊，为那远去的无忧无虑的青葱岁月……长大若如此，我情愿不长大！

表弟上小学四年级，原本学钢琴，突然改吹黑管了。问他为什么改，他翻着白眼，像在看怪物："哥，这个你都不懂？钢琴弹得再好也没用，小升初的时候不算特长！"学习音乐，原本是兴趣使然，现在却成了升学的敲门砖。有用就学，无用就放弃！真不知若是莫扎特、贝多芬天上有灵，听了此番言论，又会做何感想！紧抱着一颗功利的心，为了眼前的利益，我们就该舍弃那些看似无用的东西吗？如果只拿有用和无用来衡量，我们的生活岂不成了黑白两色？长大若如此，我情愿不长大！

有一朵花，我们都见过，却从不知道它的名字，它就开在我们童年最纯、最美、最真的记忆里。从出生到离去，每个人都会走出一个或大或小的圆。没有走不完的路，也没有讲不完的童话。但是，无论你走多远，都不要忘记浇灌那朵花，让那芬芳伴你一路前行。

又见枝头吐新绿

马小媛

春天的阳光，清明中透着温暖，季节的轮回重新开始。在这春的开始，枝头又一次萌发绿意。

又见枝头吐新绿，正是一年最好时。甩掉冬的萧瑟，春的身影已亭亭玉立。大树小树发了芽，连往日垂头丧气的枝条也爆开一片新绿。

一片勃勃生机让人不免对自己记忆中的冬天疑惑不已，倏尔醒悟：不论过去怎样败落枯萎，只要有勇气与希望，枯树也有春天。晚来的风雨曾把枯枝拦腰斩断，虽说春日阳光和煦，参差的伤口仍在，但它的枝干上，也冒出新的希望。小小的新叶簇拥着粗糙的枝条，质感透明的绿挤挤挨挨，就像是一群稚嫩的孩子在一起玩闹。闭上眼，仿佛就能听见它们银铃般的笑声。冬天已经撤退，把之前所有的挫折、所有的无助都抛去吧。

过去的一年中，我的叛逆，我的忧虑，也该抛去了；我的斗志，我的追求，应该像这春天的新绿一样蓬勃地生长。我笑过，哭过，得

到过，失去过，但我从未后悔过。我所遭遇的一切，我所做错的一切，只会化为滋润心灵的养料，在来年春天孕育最好的成长。所以我有勇气笑，有勇气说："一切都会好的。"我知道，如果没有勇气越过失望，就会错过希望。树木吐露新绿来迎接春天，我要用勇气挑战前方的坎坷，迎接我最美好的青春年华。

而赐予我超越一切困难、给我勇气的人，我心心念念感激的人，请接受我的敬意。

满眼的春光中，满树怒放的花朵，固然令人瞩目，但最能象征春的意蕴的，只有杨柳。春风在河岸边起舞，杨柳树上像是挂着串串小珠子，在风中飘来飘去，飘出许多弯弯的S线。别的树木借着春的气势争着向上，生机盎然固然是好的，但每每看到它们在枝头高高地竖起，总觉得它们忘了根，忘了它们的生命之源。人又何尝不是如此？攀得越高越易忽略给予自己支持与力量的人。

鸟儿啁啾，仿佛为又一次来临的春天喝彩。那忽隐忽现的绿意，或浓或淡地装扮着春天。季节是循环的，当我重新站在这起始点，迎接我的，是沁人的新绿和永恒的希望。有勇气战胜冬天，才迎来春天；从不忘记成长的源泉，才又见枝头吐新绿。

老 树

董胜平

校园里有棵老树。

老树一生度过了多少个春秋，经历了多少风雨，我不知道。但我知道，他一直生活在这里，从未离开。他将自己活成了学校的一部分，活成了一道风景。

老了的老树，就像一位经验丰富的老人。他知道北风几时来，也知道北风会带来多少寒气，更知道北风吹多久时他开始落叶。一次落多少，几次落完，这些，他比谁都清楚。

这里的天气，这里的气候，有谁会比在这里站立了几十个春秋的老树更清楚呢？没有，没有谁会比他更清楚。因为没有谁会用一生的时间守候一个地方，不论风雪，不舍昼夜。

老树的树叶黄了。当其他树木枝丫间还泛着碧光时，他，开始泛黄了。他就像一位老人，在夏末时，开始准备秋衣，在秋末时，又开始准备冬衣。

老树老了，老了的老树不再像十几年前那样在秋风里招展枝叶。他会及早落下树叶，保持养分，留够精力，来熬过这个冬天。这些行为，多像一位及早穿好冬衣冬裤准备熬过冬天的老人啊！

老树落叶比其他树要早些。我知道，再过几年，他会更早。直到某一年，他春天长出的叶子，在盛夏过后，落了一地，之后就不会再长了。

老树落叶早，发芽却晚。作为一棵经验丰富的老树，他绝不会像那些年少轻狂的愣头青一样在初春时就去展现自己，更不会将枝丫里的嫩叶很早地吐露出来。因为他知道，北风预谋的那场倒春寒，随时会来。

很多时候，我总想和老树谈谈，谈谈他的一生，听听他的见闻。我还想和他谈谈这所学校，听听这所学校的历史。他守候这里那么多年，我想，没有谁会比他更了解这所学校的历史。创立学校的人早已逝去，而他，还活着。或许，他就是一位比学校还要老的老人。面对这样一位老人，还有谁敢说自己比老树更了解这所学校呢？

老树知道很多事，可他却从未告诉过我。他只告诉我，秋来了，穿暖和些。他把那些往事都藏在了心里，刻进了年轮，他就像一位忠实的守秘者，守护着那些故事。

无尽长日里，他，总是站在那里，任风吹落枝叶，任鸟站满枝头。

他，多像一位安详沉静的老人啊！

古今大战瞌睡虫

杨飞超

某天下午某时某分某秒，一只小小的瞌睡虫从我家敞开的窗户溜进。自从它来后，家里就天翻地覆了……

瞌睡虫悄悄地钻入了妈妈的耳朵，没等我尖叫，妈妈便应声倒地，呼噜声惊天动地。我惊得张大了嘴，足以塞下一个鸡蛋。妈妈沉睡三个小时后，才欣欣然张开眼，紧接着又是一个大大的哈欠，而此时，瞌睡虫正朝着我微笑呢！我不甘示弱，为了救回我的妈妈，我和瞌睡虫拉开了战斗。

NO.1 现代解困法

所谓现代解困法，就是使用现代技术。为了驱走瞌睡虫，我打开收音机，找到一首我最喜爱的《青春修炼手册》贴近老妈的耳朵。只听"嘭——"的一声，一阵地动山摇，原来由于耳机使用年代久远，经受不起大音量的轰炸，光荣"牺牲"了。再看老妈，翻翻身子，睡得香甜。瞌睡虫笑眯眯地向我招手，我火冒三丈，哼！

NO.2 古代解困法

一计不成又生一计，古人不是有悬梁刺股吗？今天我就效仿古人！于是我对着沉睡的老妈，冷笑一声，便扑到她身上，又拉头发，又扯耳朵，连"高音喇叭"都用上了。可结果呢，我累得扑倒在地上，老妈却左耳进，右耳出，依旧睡得香甜。

"哈——欠——"，完了，瞌睡虫见有机可乘，盯上我了，可这时我哪儿还有精神抗争呀，只好乖乖举白旗投降了，不一会儿卧室里便响起了我均匀的鼾声："呼噜——呼噜——"

041

"起死回生"的小鱼

吴欣怡

星期天，在叔叔家玩的时候，追逐中无意把冰箱的门打开了，也无意中发现一只蚂蚁被冻在冰块里，我心里非常着急：那只蚂蚁真可怜呀，被冻死了！不过还有一丝希望的，我急忙把那块冰块拿到太阳下解冻。我仔细地端详着冰块，不一会儿，那只藏在冰块里的蚂蚁竟然奇迹般地复活了。"真是太神奇了！简直是在变魔术！"我惊叹不已。

这究竟是怎么回事呢？为什么小蚂蚁在冰箱里被冷冻之后还会起死回生呢？它不是被冻死了吗？这一连串的问题令我百思不得其解！我带着疑惑的心情决定做一次有效的实验来揭开这个"起死回生"的秘密。回家之后，我兴高采烈地把这个决定告诉爸爸妈妈，他们都很赞成我做这个实验。

于是，我让妈妈在买菜时顺便买回了一条小鱼，这条小鱼便是这个实验的试验品啦！实验开始了，首先，我把小鱼放入保鲜盒里，然后放了些清水，最后放入快速冷冻箱里。

几个小时过去了。我打开冰箱，哇，小鱼已经被一团冰包住了。我拿出保鲜盒，真是凉死了，我的手都快冻僵了。有小鱼的那块冰，像一块晶莹剔透的琥珀似的！

我把"琥珀"放在阳台上解冻。一小时过去了，我过去一看，冰全部融化了，但是亲爱的小鱼并没有动弹。我急得像热锅上的蚂蚁——团团转，热切期待着小鱼的复活。又过了几分钟，看着它那仍然僵硬的身躯，我开始有点儿垂头丧气了，像泄了气的皮球似的，我无奈地对妈妈说："不如今天加菜，清蒸小鱼。"可是，话音刚落，奇迹出现了，只见小鱼的嘴在努力地呼吸着，一张一合，接着小鱼又跳了几下。"小鱼起死回生！实验成功了！"我高兴得简直要发狂。

小鱼为什么能复活呢？原来，在速冻中，小鱼并没有死，只是它的生理机能暂时封闭罢了！经过解冻加温后，生理机能慢慢恢复，所以它又复活了！现在医学上的器官移植也是利用了这个原理。

啊！科学的力量真伟大啊！其实只要我们用心观察，善于总结，认真思考，就有意外的收获！这真是"处处留心皆学问"呀！

另类"读后感"

邬君翔

　　暑假又到了，为了奖励我这几天的"配合"，爸妈把儿童节送我的礼物——中国古典四大名著给找了出来，这可乐坏了向来爱看书的我，可高兴劲还没过，背后就传来妈妈那耳熟的叨叨："看完要写读后感哦！"真没劲，一腔热情就像霜打苗木，蔫了！正懊恼时，外婆跳了出来："这点儿大孩子叫他看四大名著，能看懂字就不错了，还写什么读后感！"哼！我倒不服起来，街坊邻居、老师同学，哪个不知俺是书虫，我偏要好好读，叫你们小看我！

　　接下来那几天，我家的游戏机闲了下来，电视声也听不见了，倒是沁着墨香的书，慢慢被我翻得黑乎乎的。尤其是武松打虎的那几页，合起书后的切面特别明显——就像嵌了一条黑丝线，可这只能说是刚入门，往下才叫"渐入佳境"呢。

　　那天，爸爸拎着湿衣服四卜乱转，嘀咕着："晾衣叉呢？"妈妈也直叫："好端端的拖把咋没手柄了呢？"正要午休的我闻听此事，突然从枕头下抽出晾衣叉和拖把手柄，大喊着冲出来，"黑旋风爹爹在此！"这时，爸妈恍然大悟，原来是被我收去做了道具。晚饭时，平时不爱吃肉的我大叫："小二，拿二斤精肉，把一壶酒拿与洒家吃吃！"不一会儿，桌上那盘肉都被我风卷残云般地下了肚，连向来爱吃肉的爸爸都没沾上油星。"这倒好，平时塞都塞不进嘴，《水浒》一读，营养倒是够了。"外婆开心地笑了。

这还不算，晚上掸蚊子的时候，妈妈拿来扇子，一看，上面用胶带纸粘了好多羽毛，"哪来的羽毛？"妈妈问。"我……我把羽毛球的毛拔下来了像不像诸葛亮的扇子？"

妈妈狂晕！

水蜜桃上市了。一想起孙悟空偷吃仙桃还带回花果山的情节，我忍不住在厨房里偷拿了几个大桃塞进背心里，溜进了房间。可不一会儿，我就大叫起来："痒死我了！"

"嘿嘿，这就是你的读后感吗？"大人们调侃道。

身边风景也动人

李子妍

伦敦的神秘，法国的浪漫，美国的喧嚣，早已让我那颗年轻的心蠢蠢欲动，似乎再也没有什么能阻止我前行的脚步。然而无意间我发现，不只远方有风景，身边的风景，也一样动人。

或许学校的饭菜并不是那么可口，或许每次放餐盘时手上总会粘上饭渣和菜汁，嘈杂的食堂是无法与优雅的西餐厅相比的，然而每次刷碗时，水池旁的嬉戏总能让我感到快乐。而最让我动容的是你的相伴。

以前，我并不知道你是这么可爱，只是当你每次生完气都说自己最宽容时，当你独自一人把桌子搬到操场上却自称娇小柔弱时，我才感受到你的童真可爱，感受到友情的美好。当我一直做着出国的美梦时，当我一直在嫌弃学校的种种时，当我羡慕那些说走就走的旅行时，你告诉我，并不是只有远方才有风景。

操场上打篮球的男孩儿正在奋力争夺着球。阳光正好洒下来，我望了望身旁眯着眼的你，忽然觉得岁月静好，穿着校服的我们，已成了最美的风景。

考试的紧张气氛和移动桌子的声音充满了整个教学楼，同学们正抓紧时间复习，而你却从容地拉着我的手，穿过走廊两旁的桌子，从A栋楼走到B栋楼去寻找考场。你的从容不迫让我惊讶。考试时交过卷的同学那一声撕心裂肺的悲呼，让本来寂静的教学楼沸腾起来。我回头望了望你，掉下来的刘海儿遮住了你半边脸，你依旧认真地写着试卷。那从容的你，那认真的你，已成了我心中最美的一道风景线！我意识到，并不只是巴黎的铁塔才美，并不只是纽约的自由女神雕像才象征自由，并不只是伦敦的大本钟才让人流连，就在我身边，在这校园里，认真的我们，青葱的岁月，才是最纯真、最美丽的风景。

路灯拉长了我们的身影，此时月亮也快出来了。刚刚放学的我们站在公交站牌前，等着回家的那一班车。你在我身边开心地说个不停，说着今天的趣事，吐槽老何的每日谈心，评论刘诗诗和杨颖到底谁更漂亮……你叽叽喳喳的样子像一只欢快的小鸟。我们毫无顾忌地谈笑着，你眼角笑出的泪已定格成我心中的一道风景。我意识到，年少的纯真是只属于我们的风景。

这里，没有英国彬彬有礼的绅士，没有法国昂贵的香水，没有美国吵闹的街道，那又怎样呢？身边的风景也动人！朋友，正因为有你，我学会了停下脚步，去欣赏身边的美。

幸福的"差生地带"

沈俊玲

老师把我的座位向后调了一位，使我从第五排退至第六排，也就是倒数第三排。要知道在我们班，后三排属于"差生地带"，这里聚集了全班众多"差生"，还有一些在整个年级都小有名气的"大哥大姐"们。为此，我懊恼不已，可转念一想，我被调到这里不就可以脱颖而出、一枝独秀了吗？想到这里，我的心情便好了起来。

清晨，我背着书包，迈着轻盈的步伐，嘴里哼着《西界》："只因我活在西界，只拥有半个白天……"不知不觉就到了校门口。一阵微风徐徐吹来，拂过脸颊，仿佛心也随风在空中自由翱翔。微风过后，我用手整理好被风撩乱的红领巾，昂首阔步，走过督导员身边，心中油然生出一种自豪感。

走到教室门口，我故意咳嗽两声，双手放在背后，挺直腰板走进教室。"差生地带"的同学们都以为是老师来了，连忙装模作样地读起书来，却不承想是我，一个个又恢复了老样子，只惹得我一阵窃笑。

回到座位上，放下沉重的书包，如释重负的滋味真好！拿出书，随便翻开一页，放声朗读，释放心中的阴霾，让那声音响彻校园。

老师来到，停止读书。我比以前更仔细地聆听老师的一言一语，思维随着老师的讲解在知识的海洋中畅游，笔尖在纸上轻快地跳跃，仿佛能谱写出一曲曲感人至深的乐章。

语文课下了，技能课米临。教室里立刻活跃了起来，我周围的"大哥大姐"们还在讨论着最流行的资讯，而我早已做了几页作业，然后望着窗外，好不快乐。窗外阳光普照着大地，大地仿佛一片大海，泛着金色的浪花。轻风吹过，吹下几朵树上的小花儿，花儿随风在空中轻快地跳着舞，令人赏心悦目。忽然，许多朵可爱的小黑云从四面八方涌来，下起雨来。雨慢慢大起来，伸出手去迎接雨滴，雨滴落在手上，碎了，却开出一朵朵小水花，又消失了，心中不免有些感伤。

可没一会儿，就雨过天晴了，太阳又出来了。一滴滴露水在阳光下大放异彩，如一颗颗晶莹剔透的珍珠。

傍晚，走到校门口，回望"差生地带"，留恋。

特别的礼物

何一凡

说到礼物，你想到的是一个洋娃娃、一本书，还是一条漂亮的裙子？我要告诉你，这些都不是我收到的礼物。我收到的礼物是——每天一句名人名言。

去年暑假的一天，爸爸突然对我说："孩子，从今天起，爸爸每天都送你一个礼物。"每天一个礼物？我不会听错了吧？爸爸像变魔术一样，从房间里抱出一个东西，说："你瞧，多么可爱的小黑板。从今天开始，爸爸每天都要送你一句名人名言，就写在这块小黑板上。"

一句名人名言？这算什么礼物？我不要！可看到爸爸一脸的兴奋与期待，我只好勉强点了点头。爸爸喜出望外，立刻在小黑板上写了几个大字"流水不腐，户枢不蠹"，然后一边指着黑板，一边说："你看，溪水总是不停地流动，你说会腐臭吗？"没等我回答，爸爸又接着说，"你爷爷家木门的门轴，也就是这句话中所说的'户枢'，每天都在转动。虽然是木头做的，可是三十几年来，它被虫蛀过吗？它腐烂了吗？"我似懂非懂地摇了摇头。"这句话告诉我们，经常运动的事物不易受到侵蚀。人的大脑也是一样，要经常动脑筋思考才不会'生锈'。""对呀！"我突然觉得，这名人名言还挺有趣的。

从那以后，爸爸每天都送给我一句名人名言，比如"一寸光阴一寸金，寸金难买寸光阴""人无远虑，必有近忧"，等等。有时候，爸爸一大早就在小黑板上写上了名人名言；有时候，爸爸会在前一天晚上就准备好，我每天早晨一睁开眼睛就能收到这份礼物。爸爸的礼物给我的学习带来了很大的帮助。在学习《孔子拜师》这篇课文的时候，老师提到了许多孔子的名言，如"学而不思则罔，思而不学则殆""己所不欲，勿施于人"……我都能脱口而出，得到了老师和同学们的称赞。在校运会上，我跳远得了第一名，刚想炫耀，突然想起了"胜不骄，败不馁"这句名言，我就不再开口了。

我喜欢这份用金钱都买不到的礼物。

玫瑰的命运

陶　略

　　我是一株玫瑰花，安静地生长在开满阳光的美丽花园之中，在园丁的精心照料之下，我幸福地绽放着自己的美丽。

　　一个清晨，我睁开惺忪的睡眼，像往常一样伸了一个懒腰，天呀，我发现自己竟然躺在一辆轰隆隆的卡车上！

　　不一会儿，我被运到了一个芳香四溢的花店。花店有着大大的落地窗和漂亮的白色陶瓷花瓶，当然还有许许多多美丽的花儿：浪漫的薰衣草、高贵的郁金香、清雅的马蹄莲、纯洁的百合花。夕阳西下，花儿在橙色落日的映衬下，格外动人……

　　夜幕降临了，闪亮的星星堆满了整个夜空。我兴奋得睡不着觉，怀着满满的憧憬和伙伴们讨论着我们未知的命运，会被谁买走，带去哪儿，又会发生怎样的故事……

　　天亮了，太阳公公爬了上来，很快，我和伙伴们就被几个年轻的女孩子买走了。走啊走啊，我们被带到了灯火闪亮的体育馆，哦，原来这儿正在开演唱会呢。

　　歌手们在舞台上很投入地唱着动听的歌儿，歌迷们挥舞着荧光棒，将我们亲手献给了自己喜欢的歌手，我们在舞台上尽情绽放着自己的美丽，那么骄傲。

演唱会结束了，整个舞台黯淡了下来，我们被歌手遗弃了，悲伤地躺在落满灰尘的地板上，无助地流着眼泪。

不一会儿，一位清洁工大叔走了过来，他怜惜地望着我们，又小心翼翼地将我们装进他的粗布书包里，我们跟随大叔回到了家。大叔把我们作为礼物送给了自己的女儿——一个眼睛大大的小女孩儿。如豆的灯光下，女孩儿轻轻地抱起我们，甜甜地笑了，笑容很亮很亮，仿佛遥远天边一颗闪亮的星。我和伙伴们也幸福地笑了，那一刻，我们无比快乐……

在火星上逛超市

常青藤

050

什么？什么？去火星逛超市？！火星的超市里会有什么新奇的好东西呢？安静，安静，快快默念属于你我的"星星咒"，和顶顶姐姐一起跟着小作者去神秘的火星上一探究竟吧！

一层又一层，一本又一本，天呀！这要写到什么时候嘛！困倦的我耷拉着脑袋，有气无力地躺在椅子上……

这是哪里？眼前的一切都使我感到新奇：高大的楼房冲向天空，电子马路像绸带一样，马路上挤满了飞碟，远远望去，就像一朵朵黑压压的云。这时，一个怪人走到我面前："欢迎来到火星，我是火星人巴鲁！"啊？原来我来到了火星？那不如逛逛超市吧！我从小就喜欢逛超市，因为在超市里总能淘到各种各样的宝贝。

火星的超市里会有什么好东西呢？巴鲁领我上了飞碟，我还没看清飞碟上的设备，就到了全星球最大的超市——兹尔沃。哇，这儿可真大呀！一层、两层、三层、四层……简直可以通天了，我兴奋地跑进超市：女士休闲站、男人屋、儿童乐园、科技平台、食品街……看得我眼花缭乱，巴鲁带我来到食品街。

"这是我们星球新研制的宇宙西瓜，吃了它全身清凉，一个月都不用洗澡。""这是无敌棒棒糖，无敌，老品牌，口感好，吃了能让你力气加倍！""这是宇宙最流行的点点飞糖，它可以让你遨游宇宙一圈半。"

在一个伸手不见五指的黑屋子里，巴鲁神秘地告诉我，马上就要看到举世无双的高级物品了！他把灯调得很暗，然后小心翼翼地拉开黑幕，"啊！UFO！"我失声大叫，真想不到UFO竟然会在超市里进行拍卖。"想不想上来试试？"巴鲁已经上了驾驶座，"Let't go！"我兴奋地尖叫起来。在碧蓝碧蓝的天空中，忽隐忽现的飞碟在空中盘旋……

"干吗呢！睡什么觉！作业不想写了是吧？"我睁开迷糊的双眼，"啊！老妈，手下留情啊！"

我家的"四道菜"

易 形

我家的四个人就像四道菜，每道菜都独具风味，正因为有了这四道菜，我们家才每天演绎着开心的故事，过着幸福的日子。

麻 辣 豆 腐

"起床了！起床了！快点！"不用问，这发威的人准是我老妈。每到周末早晨，她都会对着我和弟弟展示她的"狮吼功"。在她的"神功"之下，我和弟弟可是丝毫不敢怠慢，不管温暖的被窝有多大的诱惑力，也只得乖乖起床。在家中，我妈是最凶的，只要我们姐弟俩做错了什么事，必定少不了她劈头盖脸的一顿骂。妈妈很勤劳，这不，她一大清早就用湿漉漉的拖把把家里的地拖了一遍。这时只听见"咚"的一声，弟弟的头已经撞在了床尾上。"看吧，我说过多少回了，刚刚拖完的地很滑，要小心走路，你就是不小心，摔得好！快去穿鞋！"妈妈用她那双大眼睛瞪着弟弟。"唉，老妈也真是的，是亲妈吗？头都磕着了，没必要那么凶吧！"正当我嘀咕的时候，"疼吗？要不要揉一揉，撞得厉害不？"妈妈温柔的声音传了过来。我偷偷瞧了一眼，妈妈正在揉弟弟头上的包呢。不知什么时候，她手上的拖把已经变成了红花油。我的老妈呀，就是这样，刀子嘴豆腐心，是绝对地道的"麻辣豆腐"！

甜 辣 椒

爸爸在我和弟弟眼中就是"甜辣椒"。爸爸白天要上班，工作很忙，所以只有晚上在家陪我们，他也很少管我们。有时爸爸陪我们吃晚饭，一家人围坐在桌前，爸爸总是讲笑话，逗得我们吃不下饭，妈妈就瞪着眼凶他。在我们家谁敢违背妈妈的意愿啊，可老爸却不搭理她，继续和我们说笑。弄得一向严肃的妈妈哭笑不得。所以我们特别喜欢这个"甜辣椒"。

可甜辣椒毕竟也是辣椒，总有辣的时候。爸爸最看不得我们哭哭啼啼。有一次弟弟摔了一跤，擦破了皮，流了好多血，就号啕大哭起来，把妈妈给吓坏了。这时爸爸却发功了："哭什么！一个男子汉，动不动就哭鼻子，像什么样！"弟弟被爸爸的吼声吓住了，一下止住了哭泣。后来，弟弟再遇上什么挫折都表现得很坚强，我想这肯定得归功于"甜辣椒"的威力。

糠 炒 板 栗

外面有一层硬硬的壳，油亮油亮的，很好看，打开一看才知道，原来里面还有一层毛，让人抓狂，这就是糖炒板栗。而我的弟弟就是这样一道菜。

弟弟每天都笑嘻嘻的，像吃了蜜糖似的，然而只要妈妈不在家，弟弟就能飞上天！他拿三条凳子便可以玩上一天，拿一粒弹珠也可以琢磨半天。他要是找我吵架，我便只能甘拜下风。偶尔妈妈骂他时，他朝妈妈做个鬼脸就跑了。

在外面，他就变成了另外一个人，规规矩矩，从不淘气。老师说，在班上他是最听话的学生。老师啊老师，你是不知道他光滑的外壳里还有另一个完全不同的"世界"啊。

百 变 靓 汤

至于我嘛，我也不知道我自己到底是什么"味"的，暂且就叫"百变靓汤"吧。

有时，我脾气暴躁，冲动的时候不顾后果，真是无人能敌；有时，我又挺温柔的，很有淑女风范；有时，我像小孩子一样，玩一些早就不符合我年龄的游戏，一玩起来就没完没了；有时，我也有点古灵精怪，高兴时就给家人起绰号，无论这绰号和他搭不搭得上边，也照样编下去。在学校，我大大咧咧，同学们还送给我一个"雅号"——疯丫头；在家里，我吵吵闹闹，风风火火，有时惹得家人笑声不断，有时又把老妈气得吼声不断！这就是我。

我们家的菜谱，别具一格；我们家的故事，精彩连连！

傻是我的一张名片

石智涵

054

"看，我聪明吧。"耳边经常响起同学们这样的声音，有时是因为做出一道别人都解不出来的数学题，或者是一道连老师也认为很难的题。可是，我从不认为自己聪明，相反，我认为我很傻。

有时我向某些同学请教问题，他们会说："真傻，这都不会。"我虽然知道这是和我开玩笑，可我还是感到很不舒服。于是为了不让他们取笑我，我会更加努力地学习，废寝忘食。为了做出一道题，赢得同学们的称赞，我会用掉数张演草纸，努力钻研。没办法，谁叫我傻呢！

我记得在小学毕业时，为了和老师留一张合影，我拿着相机，很傻地在无数同学疑惑的目光下，在老师的办公室外等了很长时间。终于等到老师出来与我拍完照后，我才欢笑着走开。出了校门我才发现，路上早已空无一人。我只好一个人背上书包，跳上自行车，飞奔回家。路上还有几只小鸟对我嬉笑，好像也在笑我的傻，于是我加快了速度。当我回到家时，父母早已在焦急地等待着我了。于是，我又被父母数落了一顿。唉，我是不是真的太傻了？

几年前，"嫦娥三号"升天时，为了第一时间向同学们炫耀看到的盛况，我坐在沙发上等直播等到深夜。时间一到，我连忙打开电视，急切地寻找直播频道，却把沉睡的父母惊醒了，结果我家上演了一场戏剧性的"抓小偷"。第二天，黑眼圈主动光临了我的脸，但我迎来的却是同学们"至于吗"的质疑声。这时，我便昂首挺胸地说："至少我第一时间看了让我们国家自豪的一件事，你们看到了吗？"看，这就是傻傻的我。

不仅我认为自己傻，连我的父母也认为我很傻。那次，经过软磨硬泡，我终于从好友那里淘到一本好书，我一口气读到半夜，终于把它看完了。第二天，听闻此事的父母说："你傻啊，不会明天再读吗？"我说："我确实傻，但我至少不间断地读完了一本书。"

有人为自己成绩好屡摘桂冠而自豪，有人为自己得到了某明星的签名而自豪，有人为自己身着名牌而自豪，而我，却为自己的傻而自豪！

老师的秘密武器

郑勉池

武器在人们的眼中似乎只用于战争，其实各行各业都有自己的"武器"，而老师们的"武器"则更加复杂，灵活多变。

老师的武器不只是以前的低等装备，现在已经研发出对付学生的"高级武器"了。武器大概分为五种：远程攻击型武器、放置地雷型武器、火炮轰炸型武器、借力攻击型武器、鼓励攻心型武器。

远程攻击型武器的威力不容小觑。虽然只是一个警醒而已，但是千万不要小看一个小小的粉笔头的威力。走神，发呆，不注意听讲等，一旦被粉笔头打到，即使思绪在九霄云外，也能让你迅速清醒过来。但如果你依旧无动于衷，那老师的唾沫星子就会如雨点般砸到你的脑袋上，让你无地自容。

放置地雷型武器让人很难逃脱。上课时一旦老师的"鹰眼"发现你的注意力不集中，老师会伺机选一道题，立刻叫你来回答。这不亚于一脚踩上地雷，回答不出来轻则罚站，重则延时性攻击武器如冰雹般砸到你的头上。

火炮轰炸型武器则更为厉害。上课一旦全班乱七八糟、吵吵嚷嚷的，这种武器就能大派用场，作业导弹齐发射，不管你说没说话总会中枪。顿时，教室安静下来了。这对学生来讲，是真正对付他们的利器。对老师来讲，发射炮弹易如反掌，不费吹灰之力就能把学生的气焰扑灭。

借力攻击型武器可谓老师的利器法宝。在现在这个网络发达的数码世界里，老师的管理武器中也配置了电子设备——手机。你在学校犯了错误，前一秒老师发现了，后一秒也许你爸你妈就知道了。三个大人联合起来，远程遥控，你将会不堪一击。三面攻击，即使你有三头六臂，也躲不过去。

一些虚心接受却死不悔改、不肯浪子回头的学生，千万不要以为这样老师就无可奈何了，老师有他们的"蜜蜜"武器，一种从根源上祛除学生坏毛病的方法——鼓励攻心型武器。一句一句发自肺腑的话语从老师的嘴里苦口婆心地跳出来，只要学生还有一点儿良知和想学的欲望，就扛不住这些话语的感染攻击，总能获得打了鸡血般的斗志。久而久之，这种方法对于一些学生来说成了灵丹妙药。

为了我们，老师也是拼了！

新吕布战三英

王　睿

在一个阳光明媚的早晨，我们，浩浩荡荡地出发了，因为吾等要去"战三英"——期末考试。

第一个对手姓语名文。其实它说难也不难，就三招，乃语文的基础、阅读、作文，但我心里还是万分忐忑的。时间不等人，我便威风凛凛地上了战场——考场。在战场上我仔仔细细地审题，基础部分费了九牛二虎之力终于做完，闯到阅读这一关。唉！这可让我大伤脑筋，好难！死了无数脑细胞才勉强马马虎虎过关。到了作文，哼哼哼哼，我可是有备而来，而且这还是我的强项，"手中有粮，心里不慌"。不怕，不怕！构思了一会儿，我便下笔如有神地写了起来。不一会儿，我就写好了。

第二个对手最讨厌了，就是人见人厌、花见花败的数学，但我相信世界上没有攻无不克、战无不胜的对手，只要认真审题就行！于是我也气昂昂走了上去，然而现实是残酷的，什么画图、填空、选择……搞得我头昏脑涨的，险些没做完呢！下次一定得多做多练，不会的也得多请教请教老师。

最后一个，根本谈不上难，还蛮简单，可却让我哭笑不得，它，就是英语！事情是这样的：写笔试的时候，肚内突然真气乱窜，钻心般痛，忍了好久，终于下课了，交了卷，飞也似的奔向厕所。看来以后考试前必须得做准备啊！

天高任鸟飞，海阔凭鱼跃。愿战后美好的假期能让我们快乐起来！

台 "疯"

柯怡君

深夜，只有雨倾泻而下，一切十分静谧，只听见"哗哗"的雨声，犹如催眠曲，连月亮也躲进云层伴随着雨声睡去……我也睡着了，对即将到来的一切毫不知情。

"呼呼——砰砰——"我被风的咆哮声惊醒，睁眼环顾四周，爸爸妈妈早已醒来，大厅里亮堂堂的，可我却感到莫名的恐慌，窗外的风放肆地摧毁一切它触手可及的东西，大雨随声附和。风雨交加，这终究不是一件好事！

我顿时明白：台风"莫兰蒂"正面袭击厦门——我美丽繁华的家乡了。

今夜必定不会安宁。

果然，时间一分一秒地流逝，台风挑衅似的吼叫着，雨也没有停下的迹象。渐渐地，停电、停水，一系列的困难摆在眼前。我们手足无措。

幸好家中提前准备了两桶水，充满了电的手机和手电筒，并准备了充足的蜡烛。水、电的问题暂时解决了，可谁知，一波未平，一波又起——窗户渗水了。

这可真是一个坏消息，简直是雪中送"冰"、火上浇油。不过，兵来将挡，水来土掩。爸爸妈妈拿起废旧的破布，弄成长条状，放进窗槽，时不时地把布拿出来拧干，再继续堵塞漏水处。

我坐在床上，透过窗户，对面就是隔壁邻居的一扇窗，那一刻，我真真切切地看见了风！那是一股极其强大的白色雾气般的风，耳边伴随着刺耳的"尖叫"，台风"发疯"的姿态一次又一次地展现在我的眼前，我感觉整扇窗户都要被掀掉。我惊呆了，记忆中，春风，总是温柔拂面；夏天的风，总是凉爽解暑；秋风，总是习习地洒在脸上；冬天的风，虽然刺骨，却又明显不同于台风。今天的台风，是如此之强大、磅礴！

闭着眼睛，"莫兰蒂"的身影总在眼前挥之不去，这台风，真是"疯"了！

风雨渐弱，我也在不知不觉中再次睡去。

冬之雪仙

李睿雯

深冬，酿雪的时节。或许庄稼们最知雪仙子的好，总是满怀感恩之情，在静默中耐心地守候雪仙子的到来。我是个极爱雪的孩子，也像庄稼们一般虔诚地渴慕雪仙子的光临。

连日的祈盼，朝思暮想，雪仙子仿若故意让我与庄稼们比耐性。她仍是那般的羞涩：我没能在白天一睹她的初妆，她却在我酿梦的深夜悄然而至。漫长的等待终究能够如愿，尽管发现她时，已是隔日的清晨，但我还是迎来了今年的第一场雪！站在阳台上，放眼远望，屋顶上、树林里、田野上处处都留下了她洁白纯净的足迹。恶草们在雪原中奄奄一息，虫害们的恶念也被她冰封凝固，雪仙子带给庄稼、带给大地的竟是一次彻头彻尾的清洗，她就这样用法力纯净了世间每个角落！一帘雪幕，银装素裹，好一个纯净无瑕的世界呀！

我急忙奔向屋外，尽情享受雪仙子带给我的愉悦。仰望苍穹，可爱的雪花纷纷扬扬、轻轻柔柔地飘落，无休无止。一大朵一大朵的雪花，似棉絮，如飞花，白得纯洁，白得美妙。我不禁伸出一双小手，热情捕捉那凌空飞舞的雪花。脑海里闪现出她那六角形的身姿，握在手中却总在一瞬间神秘地消失，唯见一双小手：红通通、湿漉漉、凉丝丝。那股彻骨的寒气顺着臂膀直透我的心底，洗涤着我的心灵、我的灵魂。雪仙，你这是要涤除我的慵懒、我的烦恼、我的陋习、我的傲慢吗？我心领神会，欢呼雀跃地与雪仙子共舞，任凭那雪花钻入我的头发、我的衣领……

雪花，仍在继续飘舞，仿佛在为即将逝去的冬日送行。耍雪的孩子们多起来了，此起彼伏的嬉笑声在漫天飘洒的雪花中穿行。这情景突然让我想到冰心奶奶改的那句诗：游人不解春何在，只拣儿童多处行。是的，冬天即将过去，春天还会远吗？我们迎来的不仅是眼中的春天，还有心灵的春天……

"载入史册"的尴尬

王 曦

今天天气不错，午休时我和几个小伙伴飞出教室，在操场上玩起了"瞎子摸象"，我自告奋勇地当起了"瞎子"。小伙伴用红领巾蒙住我的眼睛，顿时眼前一片漆黑，伸手不见五指，别说去逮人了，走两步都踉踉跄跄。我开始后悔刚才的逞能。不过现在是骑虎难下、进退维谷啊，不能一开始就打退堂鼓吧，我稳了稳脚步，故作镇定地四处寻觅起来，可是四处一下子都变得静悄悄的，尽管我左冲右突，还是一无所获。

小伙伴们瞧我这不知天南海北的样笃定我是真的"瞎"了，开始放心地在我面前张牙舞爪起来。有的蹦到我面前故意发出声响，当我铆足劲狠狠地逮下去时，却扑了个空；有的在东边跺脚，当我迈着蹒跚的脚步走过去时，他早已没了影，和我玩起了声东击西的伎俩。几次一无所获之后，我决定改变战术——与其费力不讨好，不如来个以静制动。

我静静地待在原地，无论这些熊孩子在我面前如何耀武扬威，我就是岿然不动。"我要像鳄鱼捕食，先潜伏在旁等待时机，一旦瞄准目标就'痛下狠手'。""猎物们"见我气定神闲地站在中间，一时猜不透我的心思，都变得谨慎起来，四周又陷入一片宁静。我有些着

又见枝头吐新绿

急，但我知道这是考验毅力的时候，就看谁沉得住气。

果然，一个轻微的脚步声由远而近，"看来我的战略没错！"我心中窃喜，现在可不能轻举妄动，我暗自集积力量。还别说，这"猎物"还挺大胆，居然毫无防备地直奔我而来，看来是彻底放松了警惕。我见时机成熟，向前一个屈身，死死地抱住"猎物"从上到下一阵狂摸。"是谁呢？"显然比我高很多，我一边摸一边想，"我班就苏雨彤最高，和这体型还很吻合。"但是光凭体型还无法确定，我一面死死地拽住她的裙角，一面跳起来摸她的脸和头。在摸的过程中，我感觉有个东西从她头上滑下，"苏雨彤今天不正戴着发箍吗？"我拿定主意大喊一声"苏雨彤"，耳边传来伙伴们清脆的笑声，我已经急不可耐了，扯下红领巾一看，顿时脸色发白，竟然是——陈老师。我低下头面红耳赤，陈老师的眼镜还在地上躺着呢。我俯下身子去捡眼镜，就在蹲下时才发现我的一只手还拽着老师的裙角……

我愣在旁边不知所措，手不知道放哪里好，这场面真是太尴尬了。

"苏雨彤有我高吗？"陈老师满脸笑容。

听了这话，我觉得自己像得到了赦免，对老师说了声"对不起"便立刻狼狈地逃向教室。听着后面伙伴们幸灾乐祸的笑声，我恨不得立刻钻入地心，那场面、那尴尬足以让今天"载入史册"。

似花还似非花

　　雪粒变成了雪片，大片大片地坠下来，伸手接住，一片片都呈现出精美的雪花图案，让人爱不释手。晶莹透亮的雪花，让人忍不住伸出舌头去品味，尝尝冰雪的味道，感受冬天的清凉。

仓鼠趣事

曹艺能

我家有两只可爱的仓鼠。一只叫"小老爷"，它的脾气很火爆，冷不丁就把嘴伸过来，狠狠地咬一口你的手指，轻则破皮，重则流血，因为它的牙齿比尖刀还锋利呢！可它却长得特别俊：一身短而柔软的毛像白雪似的，粉红的小耳朵显得十分可爱，屁股上贴了个小绒球。"小花斑"更是可爱：一身浅褐色的短毛配上一条深褐色的从头部倾泻而下直达尾部的斑纹，粉红的鼻子，细如鱼刺的白色胡须。

说也奇怪，它们大白天经常打着盹儿。将近中午，我去看这两个小家伙，"小老爷"已经睡醒了，正瞪着大眼睛，虎视眈眈地看着我，忽然开始上蹿下跳，似乎在说："主人，给我点美食吧！"而"小花斑"却四脚朝天，露出洁白的肚皮仰躺在转轮上。这种状态，曾经迷惑过我的老爸，以为"小花斑"死了呢！我手摇转轮，只见它惬意地伸了个懒腰，翻了个身，继续做起了春秋大梦。你瞧它那副样子，眼睛眯成一条缝，舒服地随着转轮摆动。我再转，它竟微微地睁开眼睛，向我作了作揖，又睡得像死猪了！哼，竟敢违背主人的命令，真是胆大包天！

仓鼠也有爱运动的时候，不信，你过来瞧！只见它们迅速爬上二楼，"小花斑"朝我瞥了一眼，好像在说："仓鼠马戏即将开始！"

接着，它伸出前肢在笼子一侧抓起来，是在拉幕布吧！它熟练地爬上竿子，很快找到了支撑点，把后腿一缩，"嗖"的一声，就荡到了笼子的中间。它悬空挂在竿上，竟然荡起了秋千，就像小猴子在树藤之间穿梭自如，似乎很享受这一刻呢！多么惊险的一幕！我为它的精彩表演喝彩。好戏还在继续：它施展出独门绝技，先来个360°大转弯。"小心点，花斑，你要掉下来了！"我的心提到了嗓子眼儿。可是它却若无其事地继续往前荡，好像什么事也没发生。没想到，它顺着这个点又来了个大转弯，就这样，一个接一个，一连转了四个大弯，方才落地。我以为它累了，需要休息会儿，没想到，紧接着它又爬上竿子，开始表演，结果途中一不小心没抓稳，"扑通"一声掉了下来，摔了个四脚朝天，眼冒金星。这下该休息了吧，可它一点儿不知疲倦，再次展开表演！

　　我的仓鼠就是这么有趣，你觉得好玩吗？

串串香，香千里

杜昕一

　　一提到"重庆"二字，大家一定会想到火锅，的确，这是一个连空气中都弥漫着浓浓火锅味的城市。

　　我们的酒店旁就是火锅一条街，一到夜幕降临，这里便人声鼎沸，那热闹的场面令人吃惊。火锅为何有如此大的魅力？我决定找一家尝尝味道。我们三人在这条街上来回踱步，不知道该如何选择——

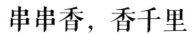

这家门面新，装修更讲究；那家客人多，价格更实惠。

串串！这就是传说中的能吃上二三百串的串串……"妈妈，这家！"我赶紧招呼妈妈过来。跨进店门，几张桌子整齐地排列着，靠里的墙壁边是三个大大的冰柜。我定睛一看，串串就安静地躺在里面呢！我急匆匆地跑过去。哇！品种真丰富啊！有牛肉、鸡爪、鸡翅，有大白菜、空心菜、金针菇，甚至还有鸡皮……五花八门，应有尽有。我迅速地打开柜门，抓了几串牛肉，几串鸡爪，丢到盘子上，又挑了好多蔬菜，盘子一下就堆满了。

我赶紧找了一张桌子坐下，招呼服务员来开火。我的眼睛直愣愣地盯着眼前的鸳鸯锅，所谓的鸳鸯锅就是一个大锅子里面装着一个小锅子，大锅子里是红艳艳的麻辣汤，小锅子里是清淡的高汤。不一会儿，锅子里的汤水开始沸腾起来，汤汁冒起了一个个大泡泡，原本浮在水上的红油泛起了一层层波纹。原先还静静地躺在锅底的辣椒和花椒开始上蹿下跳，像一个个探索海洋的潜水员。我赶紧往红汤里丢了几串鸡爪，静静地守着，真害怕我的视线一离开，它便会消失。终于我轻轻地拎起了它，油顺着爪尖往下滴，一滴、两滴……我已经等不及了，用手轻轻一甩，赶紧放到嘴里。哇，好烫！我不断地往鸡爪上吹气，又迫不及待地咬下一口——肉很嫩滑，鲜辣的汤汁在口腔里流转，这味道真是"麻辣鲜香"啊！因为辣，也因为烫，我的嘴巴不断地抽动着，这种感觉真是太刺激了。我赶紧往汤里丢下好多串串，等待着过一小会儿的饕餮大餐。

……

盆子里的竹签越堆越高，而我的肚子再也装不下一串了！我的嘴唇红了，舌头也不再有感觉了，但那鲜香却令我久久回味。

美 丽 画 面

赵 诺 瀚

夕阳西下，落日的余晖洒满了屋子，给一切披上了一层橘红色的轻纱。看着眼前的美景，我脑海中浮现出一幅画面，那画面美得让人沉醉……

那是一个午后，我去公园里散步。正值秋季，满地金黄，一阵徐徐的风吹过来，树叶飘飘而下，如一只只蝴蝶在空中翩翩起舞。风过，有的停歇在水面上，有的飞落在大地金黄的地毯上，踩上去沙沙地响，像一曲悠悠的小令。我在一把长椅上坐下，倚着椅背惬意地欣赏着眼前的美景，不由得心旷神怡。

突然，一声"老了，老了，走不动喽"的话语吸引了我。只见一位老奶奶连说带咳的，一位老爷爷正搀扶着她在隔壁长椅上坐下。"没事，有我陪着你，怕什么！"老爷爷边说边在老奶奶后背轻轻地拍了几下。"你说得轻巧，"老奶奶嗔怪道，"我这腿越来越不利索，以后想出来可就难喽。""你走不动了，我不就是你的腿吗？再不行，我用轮椅推你来嘛！""唉，'夕阳无限好，只是近黄昏。'你也老了呀！"说着老奶奶垂下眼帘，神情落寞。老爷爷一脸严肃地说："说什么呢！我们可是'霜叶红于二月花'呀！不论什么时候只要你想来，我就会一直陪在你身边。这么多年的风风雨雨都过来了，你还怕什么，该知足了。""好，好！"老奶奶像个孩子似的笑着说，"我不说就是了嘛。""你看你看，你又来了……"

突然，两位老人起身要走了。我目送他们走在金黄的"地毯"上，"蝴蝶"在他们周围飞舞。老爷爷手扶着老奶奶，老奶奶侧着头，微笑着望向老爷爷，风吹动着他们的银发，"蝴蝶"停歇在他们耳旁、肩上，夕阳的余晖洒在他们身上，给他们镀上了一圈金色的光晕。他们的背影是那样圣洁。看着这一切，我的心突然有了一种莫名的激动。这画面没有山峦的雄伟，没有江河的咆哮，没有蓝天的广阔，但它却是最美的。

这美丽的画面永远定格在我的心中，它让我读懂了人间的真爱。

小 别 离

杨奔展

我随着妈妈穿行在人流之中，拉着箱子，准备登上回家的火车。广播里一次次的提醒，从扩音器中传到我们的耳中。我们也该上车了，姥姥却在警戒线外站着，枯瘦的手正伸向半空，猛地挥了几下，随后又抹了抹眼角，是在擦拭泪水吗？此情此景，让我的心不由一紧，猛地咯噔一下。

我坐在车窗边，静静地抬头仰望天空，天空依旧湛蓝，而我的心却像凄凉的树叶一般，渐渐地被西风吹进了悲伤里，悄悄聆听着离别的痛苦……火车渐渐远去，各种不知名的植物跳入我的视野，随风摇曳，显得那般自由快活，而我却不得不与姥姥分别，再见已不知在何时……

火车驶进隧道，仿佛也进入了我毫无光亮的心房，那片漆黑就是我此刻的心情。火车轰隆隆向前，但好像怎么努力也走不出去一般，我的眼泪终于无法控制地落下，竟然滑进了我紧闭的双唇里，湿湿咸咸的，那是我好久都没有品尝到的滋味。我看着玻璃窗中映出的自己，仍有滴滴泪水往下流着，慢慢地流着，却仿佛又是一个个生命体般，逐渐融合成了一个大泪珠，似乎在告诉我：区区一年算什么，等下回再来，定要好好陪陪姥姥。

突然，周围亮了起来，火车冲出了那迷茫的隧道。我又抬起头看了看天空，白云依然柔软，天空依旧湛蓝，几朵白云在空中自由地随风飘动，不为天空所拘束，更无黑暗能将其笼罩。

溺　爱

林一豪

路边，有一棵人树，它站在那儿很多年了，它的树皮在渐渐脱落。许多年来，孩子们在它的身上刻画，还把树枝折下来当"拐杖"，可它一直默默地忍受着。

一天，在大树的身边，新栽了一棵小树。在后来的日子里，大树处处护着小树。因为它每每想到过去日子里的那些痛苦，就十分心痛，它不想再让身边的小生命备受人们的欺侮了，所以它把小树当作自己的孩子看待，时刻呵护着它。而小树看到大树爷爷这样无微不至地关心着它，也很尊重大树。

夏天，骄阳似火，烈日炎炎。小树受不起酷暑的折磨，便对大树说："大树爷爷，我好热，您能帮我遮挡一下阳光吗？""咳咳，好呀！"说罢，大树将一片绿绿的浓阴投在了小树身上，自己却顶着炎热的烈日。"啊！舒服多了！谢谢您！"小树感激地对大树说。

冬天到了，刺骨的寒风袭来。小树冷得浑身发抖，便向大树靠了靠："大树爷爷，这该死的冬天，害得我快被冻死了，您能把那厚厚的树叶给我盖盖吗？"大树想：我老喽，不中用了，有可能过几天就死了，我就尽最大的努力再帮帮它吧！想到这，大树"唰唰"地把厚厚的树叶盖在小树身上。小树藏在厚厚的"被子"中，觉得暖和极了。

就这样，它们快快乐乐地度过了一天又一天。

突然，一阵台风打破了宁静。"呼——""救命！"台风把小树吹得东摇西摆。"我受不了啦！大树爷爷，帮我挡一挡台风吧！"大树刚想极力舒展开自己的枝叶为小树挡风，可又转念一想：我应该让小树学会坚强，不然我死了，小树没有了自理能力，该怎么办？小树见大树不肯，便撒起娇来："大树爷爷，您是最有善心的好爷爷，您不会眼睁睁地看着我被这台风连根拔起吧！帮帮我吧！"说完，还掉下了几滴眼泪。大树拗不过，只好帮小树挡着大风。

不久，大树死了，小树因为没有自理能力，没人照顾，没人呵护，经不起磨炼，没过多久也死了。

地球先生在呼救

徐沁春

"快！快！快送急救室，马上进行手术！"银河系的星球医院里一片嘈杂，医生忙得不可开交，因为今天来了一位病人——地球先生。太阳医生看着昏迷中的自己昔日的好兄弟，难过地流下了泪水。

手术整整进行了五个小时，地球先生终于从手术室里被推了出来。他的亲戚朋友：金星、火星、木星、土星……连忙从椅子上站起来向地球先生走去，只见他浑身插满导管，头上缠着纱布，只留一双眼睛在外边，呼吸仍有些困难。

这时，太阳医生摘下口罩，神色疲惫地走了出来，金星、土星、火星急忙迎上去，迫不及待地问："地球先生到底得了什么病？"太阳医生长叹一声说："主要的病症有血液感染、皮肤病、胃病，还有呼吸道溃烂等，现在有些病还没得到确诊，要等专家会诊后才知道。"

"怎么会这样？想当初地球先生是何等的英俊潇洒，没想到几年不见，竟衰老得如此厉害。"金星妹妹抹着眼泪说。

太阳先生气愤地说："唉，都是人类给糟蹋的！由于呼吸道经常接触到人类的有害化学物质，所以感染严重；血液里有太多的人类污水，大量的细菌已经导致周身红细胞急剧减少，白细胞增多，所以周身出现发热症状；贪心的人类还经常将冰冷的机器伸到地球先生的内脏，开石油、找矿藏等，胃部、肺部等器官有一个个洞眼，所以周身会觉得很疼痛；加之人类的乱砍滥伐，如今的地球先生已经严重谢顶，衰老了许多……"最后，太阳医生又叹了一口气，说："如果人类再这样胡作非为下去，地球老弟的性命将难保……"

这时，地球先生苏醒了过来，他一边呻吟着一边呼救："人类呀，请救救我吧！"

大红灯笼高高挂

钱雨婷

072

"哦，挂灯笼啦！"我大声欢呼。舅妈已经把灯笼买来了。这下我可要大干一场啦——把灯笼挂在树上。我兴奋极了，跃跃欲试。

我拿起灯笼，迫不及待地向光秃秃的石榴树跑去。一边跑，一边想："石榴树呀石榴树，你现在光秃秃的一点儿也不显眼，不过没关系，我让可爱的红灯笼来陪伴你、装饰你，这样你就会变得绚丽多彩，不再孤单啦。"想着想着，我便抓住一根在低处的树枝，张开挂灯笼的绳子，小心翼翼地把灯笼穿进树枝里，你瞧，一个灯笼挂好了。

我非常得意，耐心地挂着一个又一个灯笼，如果树枝有点儿高，我就踮起脚尖，慢慢地挂上去。不一会儿，小树上已经挂满灯笼了，阳光照下来，红彤彤的，非常漂亮。一阵风拂过，灯笼在风中轻轻地摇晃着，仿佛在欢迎着远方的客人。

糟糕，我遇到麻烦了。灯笼应该挂得均匀一些，高处要有，低处也要有。可我的身高不能跟小树相提并论，稍微高一点儿的树枝我根本够不着。我急得像热锅上的蚂蚁，连忙向舅妈求助，大声问道："舅妈，高的地方我够不着，你帮帮我吧！"

舅妈听了笑眯眯地说："别急，这点小事就交给我，你在一边等着，做我的小助手，给我递灯笼，好不好？"我用力地点点头，高兴地露出了笑脸。

过了一会儿，舅妈拿着衣叉，昂首阔步地来了，她和颜悦色地说："用这个，保证高处也够得着，这主意还行吧！"我听了信心百倍，非常开心。我们又进入了忙碌的工作之中。我两手捧着灯笼，一个个按顺序递给舅妈，舅妈又把挂灯笼的绳子勾在衣叉上，瞄准一个要挂的树枝，就把灯笼伸向高处，挂上去。就这样，我们不慌不忙地把四十八个灯笼均匀地挂在每一棵树上，哇，真漂亮。

我们挂了将近一小时灯笼，感觉还真有点儿累呢。

073

但是，我还是有了很大的收获。大家看，现在菜园中的每棵树都红红火火、喜气洋洋。看着自己参与的杰作，心中真的那个美呀！

"受伤"的老花镜

林泽胤

一看到李老师办公桌上那"受伤"的老花镜，我就不由想起一件事。

　　有一天，我因为没认真听讲而导致许多作业都做错了，李老师让我到办公室去补课。我只好可怜巴巴地来到办公室，老师在看书，我走进去叫了声："老师。"李老师转过头，用手轻轻地托了托鼻梁上快要滑落的老花镜，看了我一眼，淡淡地说："咋没喊报告？""哦，忘记了！"我嗫嚅着。"怎么能忘记，你做错作业就是因为这些'点滴'忘了，回去，重新进来。"

　　我只好灰溜溜地返回门口，恭恭敬敬地喊了声"报告"。李老师开始给我补课。过了好久，讲完课了，老师把老花镜摘下来放在桌角上，说："好了，你先回去上课吧。下课要认真改作业，知道吗？"

　　"嗯。"我点点头。刚一转身，就听见"砰"的一声，我赶紧回头，发现老师的眼镜被我不小心碰掉在地板上，而且镜架断了！这时，办公室所有老师都把目光集中在我的身上，我呢，更加无地自容了，呆呆地站在那里。

　　要知道这副眼镜可是老师的第二双眼睛呀！没了它，老师可该怎么给我们上课、批改作业呢？平时走路、看东西又该怎么办呢？

　　……

　　一时间，我想了很多。我真担心老师气极了会责骂我，可谁知老师慢慢地蹲下身子，小心地把眼镜捡起捧在手中，起来时，还对我笑笑："没事，你是无意的，回班上去吧。"我真没想到，我弄坏了老师的眼镜，老师却如此宽容地原谅了我。我怔了一下，转身逃出办公室。

　　第二天，老师戴着"受伤"的眼镜，照常上课。有细心的同学发现了："咦，不对呀，老师的眼镜好像坏掉了！""对。瞧，镜架还裹着胶布呢。""哦，恐怕是它的镜架断了才裹上胶布的吧。""胶布能裹得牢吗，万一掉下来怎么办？""哇，真可惜，那么好的一副眼镜竟然'受伤'了。"……

听着大家的议论，我的心像针扎似的难受极了。我不敢加入大家的讨论，更不敢抬头看老师，怀里像揣了只兔子似的弓着身坐在座位上一动不动。

不一会儿，大家就听到李老师一句爽朗的笑语："怎么，今天我的眼镜有特色了，大家才开始欣赏我的脸吗？上课——"终于，我长长地舒出一口气，心里宽慰了许多。只有我知道，李老师"受伤"的老花镜背后，有一个关于宽容的美丽的故事。

周一，周一！

曹景阳

075

周一又来了！

星期天的家庭作业，李老师批完后发了下来。她冷冷地说了句："晚上回家让家长签字。"

Oh，no！签字？又要签字！我上个星期根本没有好好做作业，这不是逼我上绝路吗？

我绝望地打开作业本，天哪！老师的圈圈和问号简直比我写的字还要多。作业本上色彩鲜明，那一片片红色，在我的视线里，简直要漫出天际了！

更劲爆的是老师还"御笔"留了一行字："请家长周末多加督促您的孩子！"这不是对我妈不负责任的行为的控诉吗？要被我妈看见了，她的老脸该往哪里搁？想到我妈看到这行字的表情，我瞬间毛骨悚然……

放学后，还没有进门，我似乎就已经闻到了浓浓的火药味。我再也不敢走到楼上，开启"葛优躺"模式了，而是拿出一本书，装模作样地看了起来。我眼角的余光不断地睨视我的妈妈……

突然，熟悉的身影和脚步声不断向我逼近，我的心开始惶恐，我的嘴里念着："苍天啊！大地呀！菩萨保佑我！"我浑身的神经都开始紧绷了，果然妈妈站到了我的跟前："快把作业本拿出来！"

显然，妈妈还不知道我的作业情况，我把头深深地埋进书包里，翻呀翻呀，感觉翻了好久好久似的……好多次触碰到了我那邪恶的作业本，我都刻意"回避"它，我用"找不到"为借口，把头从书包里又拔了出来。

估计妈妈早就识破了我那点小伎俩，眼睛瞪得滚圆，迅速地把手伸进书包里，一把揪出了我的作业本。终于，可怜却又充满罪恶的作业本，"赤裸裸"地躺在了我们娘儿俩的面前……

076

妈妈眼神的杀伤力比北极光还要强烈，瞬间，乌云密布，电闪雷鸣，一场狂风暴雨肆无忌惮，我的心灵满目疮痍……

周一这样来了，也这样过去了……希望周二是美好的一天。

"蚊"韬武略

王文涛

处暑季节，虽是傍晚，但暑气未减。饿了一天的蚊子，早早出来觅食。蚊子历练一夏，下针更准，扎人更狠，频送"红包"，惹人烦恼。

不知是嗅到我的汗味儿，还是找准了我是弱者，蚊子猛刺了我一下。"啪"，一掌没打着，嘴巴上倒留下了"五指山"。我顿时心慌意乱，怕染上目前正流行的塞卡病毒。只道马善被人骑，没听说人善被"蚊"欺。不行，我得采取灭蚊行动。

"嗡——呜——"一只细小的花蚊子迎面飞来。别看它幼小，舞蹈水平忒高。先在头顶"∞"花样盘旋，继而"W"滑翔。边飞边吟："我是一只小蚊子，下针本领强。我要扎谁就扎谁，看你怎么躲。"别嚣张，看拍……我正想拿电蚊拍处置，突然想到爸妈的禁令（怕我触电）。眼看蚊子逍遥法外，我却束手无策。唉！大哀莫过于英雄无用武之地也。

舍不得孩子套不着狼。饿了是吧？喂饱后再收拾你。我把爸爸下午杀鸡的血倒入杯中守株待兔。不一会儿，嗡嗡声由远而近。一只细长的像穿着海魂衫的蚊子嗅着血味儿来了，发现美餐兴奋无比，绕杯旋转若即若离。而后金鸡独立，小憩一会儿又飞走了。如此往复，感觉安全后才开始贪婪地吮吸。大概它这辈子从没享受过这么现成的食物，省掉吸血的前奏——打麻药，下锥子。

本想立即拍打，突然静下心来。等它吃饱了撑着飞不动，不就乖乖就擒吗？一阵欣喜，感觉自己就是诸葛再世。世事难料，蚊子吃饱喝足后飞得照样敏捷。我拼命追赶，它像故意戏弄我似的：先俯冲剐蹭，吻一下我的额头后腾云驾雾扶摇直上。聪明反被聪明误，害得我白白伺候一番。看来蚊子的智商，都超过爱因斯坦喽！

一只小小蚊子竟有如此韬略？上网搜寻："花斑蚊能飞行5至7公里，速度极快，还可以随心所欲地做前后滚翻、俯冲、急转弯、突然加速或减速等高难度动作……"

哦，这一切都源于遗传基因啊！当蚊子"道高一尺"，我就要

"魔高一丈"。下次再战，要你好看！

似花还似非花

王思涵

一大早，大雪纷飞。推开门窗一看，大家忍不住要欢呼。是呀！多少天来，大家盼呀盼，终于盼来了这场雪。

刚开始，雪还只是零零星星的，就像粉碎的泡沫，轻轻地、蹑手蹑脚地落下来，仿佛在试探这个世界的反应。渐渐地，雪粒变成了雪片，大片大片地坠下来，伸手接住，一片片都呈现出精美的雪花图案，让人爱不释手。晶莹透亮的雪花，让人忍不住伸出舌头去品味，尝尝冰雪的味道，感受冬天的清凉。

漫天飞舞的大雪，裹挟着寒风，肆意地塑造着自己的图画。淘气的雪娃娃还在树爷爷的身上安了家，原本绿色的树叶，此刻竟变成了耀眼的白色，你见过雪白色的树叶吗？这些树叶上的雪，经过寒风的雕琢，会变成冰，把它小心翼翼地从树叶上取下来，就得到了一枚树叶形状的冰雪标本，真有意思！还有的雪非常顽固，竟然落到了树干上，而且长时间都不会融化，就像涂了强力胶一样牢固。一阵风吹过，树上的积雪有的被吹落下来；有的稳如泰山，一动不动；还有的调皮地降落到路过的人们身上，被带到四面八方。再看看那些小区绿地上面的小草，有的已经被积雪压弯了腰，有的侥幸躲过了雪的攻击，身上沾染的雪沫还把自己装扮得焕然一新。

不一会儿，地面上已经白茫茫一片了。这新奇的景象，顿时引来了好奇的客人。你看，这儿有一串小鸟的脚印，那儿留下了一片小狗的足迹。上午十点以后，尽管雪越下越大，但小区广场上渐渐有了几个人，后来越来越多，尤其是小孩子，这儿简直成了他们的天堂，到处都能听见他们的欢声笑语。有的在和爸爸一起堆雪人，有的在和小伙伴们打雪仗，还有的在雪地里写写画画。你看那个小孩子，被小伙伴们弄得满身是雪，却还是意犹未尽，乐此不疲；另一个更是狼狈不堪，头发黏在一起，不知是汗水还是雪水，背后湿漉漉一大片；堆雪人的那个，尽管手被冻得通红，脸上却洋溢着幸福的笑容。每个人都用自己喜欢的方式表达对雪的喜爱，好像是想让自己的痕迹留在这2016年的第一场大雪里……

"似花还似非花"的雪，你真是冬天的精灵啊！

黄土坡上的水花

蔡祺泽

黄河，是中国的第二长河，总长有5464公里，长度仅次于长江。黄河经过陕西的黄土高原时，形成了世界上唯一一个会移动的瀑布——壶口瀑布！是不是觉得很神奇？别急，现在就让我们去看看吧！

来到黄土高原，这里到处都是黄色的山丘，土质很疏松，仿佛踩一脚就会陷下去，感觉就像是在沙漠中行走一样。车子继续往前开，终于来到了我们梦寐以求的母亲河——黄河！我们下了车，离壶口瀑布还有好远呢，却已经感受到了瀑布上飞泻下来的水花了。走近壶口瀑布，瀑布溅起的水花可以直接淋到站在岸边的我们，不一会儿，我们的身上、手机上、头发上，到处都是携带着黄沙的"泥雨"，把我们活脱脱淋成了三个"泥人"。精彩的是，到达壶口瀑布时有阳光，我们幸运地看到了瀑布上的彩虹——水花彩虹。在阳光的照耀下，水花如七彩般的雨点，一滴滴在太阳底下飞跃，闪闪发光，形成了独一无二的彩虹，美丽极了。

为什么这里会有一个瀑布呢？导游对我们说：黄河是世界上最大的黄色瀑布，也是全世界唯一一个会移动的瀑布。黄河在还未形成瀑布之前，河面非常宽，然而由于这里河道的变化，黄河的河道瞬间变得只有三辆大巴车那样宽，并且突然变深，这里便形成了一座悬崖。黄河水翻滚着、咆哮着冲了下来，形成了巨壶内黄水沸腾的景象。巨大的浪涛注入谷底后，激起一团团水雾烟云，景色分外壮丽。黄河的对面就是山西省，几十年前，瀑布与对面的一个小土堆和一个广告牌是连成一条直线的，而现在，壶口瀑布明显向上游上移了好几十米。为什么这个瀑布会移动呢？其实，由于瀑布的河面急剧变窄，导致水的冲力加大，将水下松软的黄土冲走，于是越来越多的泥沙被冲走，而瀑布也就越来越往后移了。这真是奇迹中的奇迹啊！

黄河，奔流不息，只为冲向大海，变成那蔚蓝的海水。太阳，还是这么照耀着我们。周游世界，还是我们的梦想。瀑布边的彩虹发出七彩的耀眼的光芒，那一朵朵美丽的水花，在空中绽放，露出笑脸……

不信做不完你

姬冰颜

在我们成长的道路上，我们必然会遇到一个又一个的坎坷。其中，坎坷得让我近乎抓狂的，非那些形形色色的数学作业莫属。而面对坎坷的我们，只有坚持。只有这样才会发现：坎坷的背后是一道洒满大地的温暖阳光。

"现在布置数学家庭作业。""哦，又是作业，才写完英语的啊？又来数学，别人整天泡澡缸，我们整天泡作业缸啊！差距要不要这么大？"一位身材略显臃肿的同学哀号着。"哎，这位同学不要这么搞笑，不过说得有理啊！"听到老师的这句话，许多人都笑得前俯后躺了。"嗯哼，笑什么啊！"惊如洪钟的声音传来，大家顿时鸦雀无声。"课代表，作业怎么还没布置？快点。"数学课代表跟着傻笑，一时还没有反应过来，这才知道老师在和他说话："噢噢，啊，数学作业人试卷第五章，补充习题和练习册，一切照旧。""啊？这么多！"坐在前排的女学生也哀号起来了。教室里跟着沸腾起来的架势，前一刻的鸦雀无声，后一刻的排山倒海。"再吵，就多布置点！"老师吼道。

这一刻，我们只好埋头，手中的笔也在飞快地转着。面对这么多的作业，我也只能暗暗地想：看来要加速了。时间一分一秒地过去

似花还似非花

了，到现在也只才做了一点儿，还有许多空格。课上了一节又一节，太阳也逐渐变得昏暗，洒出的阳光再没有中午那般明亮，但数学作业还是在一题一题地减少。"嘘……补充习题，练习册做完了，就剩下大试卷了。哈哈，你呢？""嗯，我也是。"听着"吁"的人越来越多，时间也越来越晚，我的神情不由得焦躁了几分——快完成了，快完成了。

晚自习，几乎每个人都趴在桌上冥思苦想，这个抓头搔耳，那个沉稳平静。我的作业虽说只剩下几题了，但是我都不理解，也只能慢慢地想了。过一会儿，不知道从哪儿听到了细小的嘀咕声，抬头瞧了瞧别人，大家都在边嘀咕着边看作业，原来是讨论时发出的声音啊。面对最后几道难题，不知道过了多久，我的眼睛逐渐犯困，酸酸的。但是，没办法，继续。

"叮叮叮"，下自习课了，我们收拾着作业背包回宿舍。临走的时候，听到有位走读生说"做好了，耶"，羡慕死所有人啊！宿舍里，我们九位寄宿生有的坐在桌子旁，有的几个人围在一起继续讨论。半小时后，大家也全都完成了，顿时如释重负，心里喜滋滋的。

坚持过后，抬眼看看窗外，月光都是温暖的。

打 玉 米

石梦坡

"轰隆隆——轰隆隆——"这可不是打雷声，而是玉米脱粒机发出的响声。伴随着这震耳的隆隆声，我家院子里一片热火朝天。

爸爸负责倒玉米穗，金黄的玉米穗欢快地蹦跳着进入脱粒机的"大嘴巴"。转眼间，它们就骨肉分离：玉米粒像瀑布一样哗哗地从机器下面淌下来；玉米芯碎块则从左侧弹出来；玉米脱粒机右侧拖着一条鼓囊囊的布袋"长龙"，玉米屑都被吹进了它的肚子里。爷爷用木杈不停地把玉米芯挑在一起，叔叔用木锨把流出的玉米粒及时地铲在一边，妈妈、婶婶则在仔细翻找没有脱干净的玉米芯，真正做到颗粒归仓。我呢，帮不上什么忙，就把入口处掉下的玉米穗捡起来重新丢进去。有些调皮的玉米粒飞溅在我脸上，火辣辣地疼，不过，揉两下就好了。

突然，脱粒机不转了，发出"嗡嗡"的声音。爸爸赶忙关上电源检查，原来是脱粒机肚子里的玉米穗太多，卡住了。爸爸和叔叔只好把里面的玉米穗一个个往外掏，由于卡得非常结实，需要用手来回松动皮带才能掏出来。终于，脱粒机又正常运转了。在轰鸣声中，地上的玉米粒堆越来越大，大家脸上的汗珠越来越多。

经过一个多小时的鏖战，玉米穗终于打完了。看着金山似的玉米堆，爷爷说："过去用手剥玉米，要好些天才能剥完，既费工又费时。现在好了，几亩地的玉米一会儿就打完了，真是不敢想象啊！""哈哈——"大家都笑了起来，笑得那么幸福，那么甜蜜！

怕　黑

李安然

　　我心惊肉跳地把自己裹在毛毯里，耳朵像雷达似的搜索着周围所有可疑的动静。其实不能叫作搜索，因为我堵着耳朵想竭力拦截住任何非法入侵的声音，可是那些声音像长了手和脚，争先恐后地往我耳朵里钻呀钻：妖怪在使劲儿咽口水；地板下有小矮人在吵架，商量是不是把我连床抬走；老鼠战队摇旗呐喊在床下抢着瓜分地盘……我不敢把脚伸出毛毯，生怕被食人兽当美餐啃掉。

　　我不是在讲《聊斋》，也不是在编造《天方夜谭》，我说的是怕黑的我在晚上睡觉时的真实感受。

　　我不怕虫子，也不怕独自到陌生的环境和陌生的人打交道，我怕的只有一样——黑暗。

　　"世界上根本没有鬼，没有！"我一直用这个理由安慰自己，可是没用。每当夜晚家里最后一盏灯熄灭，白天所有熟悉的事物像瞬间被施了魔法，变得异常狰狞可怕。白天常坐的椅子，像是匍匐的怪兽；为我遮挡阳光的窗帘被风吹得来回摆动，像披头散发的"贞子"；爸爸送给我的荧光沙漏变成了怪物的绿眼睛；窗台上胡乱扔着的红毛衣怎么看都像是一只张牙舞爪的火狐狸。

　　我只好每天开着台灯睡觉，害得妈妈经常半夜起来为我关台灯。

不过，今天家里来了一个更胆小的姐姐。她在卫生间看见一只潮虫，恐怖的叫声差点儿把楼顶掀翻，而且她也非常怕黑。嘿嘿，这勾起了我搞恶作剧的兴趣。

到了晚上，等周围变得一片安静，我一骨碌爬起来，摸黑从衣柜里拽出妈妈的一件白色睡衣，然后把长长的头发散开，披到眼前。哈哈，这下肯定能把姐姐吓得魂飞魄散。为了验证一下这身装扮的恐怖指数，我摸索着走到卫生间，想把灯打开照照镜子。还没开灯，一个黑影忽一下从马桶上站起来，我和黑影同时惨叫："啊——"

爸爸和妈妈同时冲出来，把灯打开。那个黑影和我异口同声喊道："原来是你啊！"原来那个黑影是半夜上厕所的姐姐。

"世界上的鬼都是人制造出来的。"爸爸又好气又好笑地说，"人吓人，吓死人啊！"

浮夸的教训

刘雅琼

五十元啊！我眼睁睁地看着我的钱被姐姐一脸得意地拿了过去。她用手捋一捋，得意扬扬地抖一抖，那五十元的票子发出"哗哗"的响声。看她那得意的神情，简直把我气炸了。最后她还优哉游哉地说了句："挣钱原来如此简单，只要教人识字就行了。"等她走出门去，我顿时捶胸顿足地大吼起来，后悔死了！唉，早知如此，何必当初那么浮夸！

似花还似非花

晚上我闲来无事，随手拿了一本《红楼梦》看了起来，"玉在椟中求善价，钗于奁内待时飞"，这个"奁"字怎么读？我好像查过字典，读"hang"还是读"qu"啊？我正踌躇着，姐姐也把头伸过来，指着"奁"字问："这个读什么啊？"看着姐姐疑惑的样子，本来在踌躇的我不由得卖弄起来："我记得我查过，这个字读'hang'也读'qu'。"

"真的吗？"姐姐显然不信。"当然，你不相信我，还不相信字典？"平时我受够了这家伙的嘲讽，什么"错别字大王"啊"没文化真可怕"啊，哼，今天我要给你点儿颜色瞧瞧，好出出这口恶气！

"确定？""确定！"我斩钉截铁地说，其实也有那么一点儿心虚。"敢不敢打赌？""赌就赌！"我已被逼上梁山，只得破釜沉舟了。"五十元！""好！"我伸出手去，打了个"OK"的手势。

啊！五十元哎，马上就有五十元进入我的猪肚肚里了，我别提有多兴奋了。对于我这个资深守财奴来说，五十元就是一个天文数字。我仿佛正看见一张绿油油的票子飘来飘去，又看见老姐可怜巴巴地向我要钱，心里别提有多爽了。"可说不定也会输呀。"心里刚闪过这个念头，就被我强力地抹去了，"我应该没有记错。"我又安慰自己。

我以自己有史以来最快的速度去书房取来了字典，递给了姐姐。我闭着眼睛都能想到她沮丧的样子！然后我得意地从姐姐书包里拿出我的战利品来，"哟哟，哼哼哈哈，五十元要进账哟！"

"仔细看看，读什么，大声地给我念出来！"突然，姐姐大声地说。

我赶紧接过字典一看，眼珠都要掉下来了！"'lián'，古代妇女梳妆用的镜匣。"读着读着，我的声音越来越小，到最后，几乎没音了。

"五十元，给我！"

于是就有了开头的那一幕。

没想到，第二天，姐姐居然把钱还给了我，还语重心长地对我说："做人做事，要踏实啊！"

这次，我没有和姐姐犟嘴。姐姐说得对，做人，还是稳重点儿好。

天生怕虫

张雨格

我虽然是一个女孩子，胆子却并不小，夜里一个人在家也不害怕。可是一见到虫子，我就控制不住地害怕，同时，还会制造出80分贝以上的噪声。

一个周末，我在厨房帮奶奶择菜。有点儿近视的我看见菜叶上有一团异样的东西，便伸出两个指头去捏，软绵绵的，不知道是什么，就送到眼前细看。"啊——"这一看不当紧，我忍不住惊恐地大叫起来，把手中的东西甩出老远，同时，一脚踢飞了菜篮子，飞也似的逃出了厨房，跑出去了还一个劲儿地乱跳乱叫。正在书房看书的表姐惊慌地跑出来，看着我莫名其妙地蹿起老高，又蹦又跳，急切地问："怎么了？怎么了？发神经啊？"

我像捞到一根救命稻草似的，抓住她大嚷："虫，虫，一只好大好肥的毛毛虫！快点儿救我啊！"

表姐毫无怜悯之心，无动于衷地白了我一眼，扶了扶眼镜，一字一顿地说："大——惊——小——怪，笨蛋！"说完，转身回屋，用屁股把门"砰"的一声顶上了。望着这扇关闭的门，我直跺脚："你才是笨蛋呢！早晚让你吃到小虫子！"仔细一回想，一阵心有余悸，那种软绵绵、滑腻腻的感觉还留在手上，更使我不寒而栗。我也顾不上和表姐"对垒"，赶紧跑进卫生间，用洗手液反复洗手。以后再进厨房，我除了帮忙淘米，洗碗，连菜篮子都不敢碰了。直到过去了很多日子我才慢慢淡忘了那种恐怖的感觉。

这种大丢面子的事大多发生在家里，不会被外人取笑。但不巧的是，我怕虫的事竟被我所有的同学知道了。

那是一次晚自习，我正在安安静静地学习，忽然感觉脖子痒痒的，用手一摸，天哪，一只来历不明的大飞虫！我吓得大叫一声，一把甩掉手上的虫子，当即从座位上跳了起来。当看到邻座的男生"见义勇为"、一掌拍死那只虫子时，我不由得连声叫好。而后才发觉自己有些失态，赶紧回到自己的座位上，假装漫不经心地看书。从此，我的"知名度"迅速提高，怕虫的事成了同学们津津乐道的笑柄。唉，惨啊！谁叫我天生怕虫呢？

掌握了我这个弱点，几个要好的同学经常拿虫子来吓我。出了N次丑后，我决定克服心理障碍，与虫子斗争到底！扫厕所时我鼓足勇气拍死了几只苍蝇。渐渐地，我没那么怕虫了。可是他们居然不知道！

又是一次大扫除的时间，我负责清除天花板和墙角的蜘蛛网。我举着笤帚，正干得起劲儿，身后突然传来一声尖叫："呀！你背上有蜘蛛！"我头都没回，用手捏住了两只吊在空中的小蜘蛛，淡淡地说了一句："大惊小怪。"

几个同学愣住了："天生怕虫的家伙也打起虫子来了？！"

我暗暗一笑，哪有什么是天生不变的？你们OUT了！

足球风波

徐 军

足球现在在校园里非常热门，我们学校作为有着优秀体育传统的学校，也准备跟风，组建首支足球队，这一消息让我们这群足球迷激动得难以入睡。

报名开始了，我二话没说就找体育老师报了名，凭着我顶呱呱的身体素质，自然顺利入选。看到公示栏中我的大名，我高兴得一蹦三尺高。

糟糕的是，不知哪位好事者把这一消息告诉了我妈。这不，周五一回到家，我就看到老妈脸上阴云密布，坏了！不对劲儿！看来一场风波要上演了。果然，妈妈斩钉截铁地表示，不准参加足球队！理由嘛——浪费时间，影响学习！而且还说我已经上初二了，现在才开始踢球，太晚了，踢不出什么名堂。但是我的态度很坚决，不肯让步，再保证不影响学习成绩。这真是针尖对麦芒，一场"恶战"看来不可避免了。

果然，妈妈使出了绝招——一把鼻涕一把眼泪，哭得人心烦。她还发动爸爸、爷爷、奶奶、外公、外婆对我进行车轮大战，看来我只有乖乖投降了。

一转眼，第一次阶段性检测结束了，我在年级的排名由原来的第十五名一下跃到了第三名，离"状元"只有一步之遥。妈妈高兴得合不拢嘴，得意地说："你看看，如果你不听我的话，去踢什么足球，还会有这么大的进步吗？"

看到妈妈如此兴高采烈，我下定决心告诉她这几周来我一直坚持每天参加足球训练的秘密。看着妈妈目瞪口呆的样子，我进一步向妈妈说明了我的学习和训练情况。我告诉她，每天下午上完3节课后，我会参加40分钟的足球训练，我正好活动活动筋骨，这不仅不影响正常学习，反而使我精力更充沛了。

本以为妈妈会原谅我的，谁知妈妈不为所动，仍然表示不同意我继续踢足球。并表示周一就去找我的班主任谈谈。

妈妈真的会秤砣落井——硬到底吗？

还好，星期一妈妈并没有来找老师，我还可以继续参加每天的训练。我知道，妈妈一定是在观察考验我。嘿，凭我的聪明劲儿，我一定能既踢好足球，圆我美好的足球梦，又能搞好学习。不信，走着瞧！

090

这场足球风波应该可以结束了。我爱足球，我会坚持下去的。我也想告诉大家，无论你做什么事，都不要轻易放弃。

温暖童年的灶头

宋亦可

温暖鲁迅先生童年的，是热闹的社戏；而温暖我童年的，是暖暖的灶头……

——题记

我坐在窗户旁，看着大地披上一件白色纱衣，在这一片寂静中，我的思绪逐渐飘远，飘到了童年的冬日。那时的我还只是一个天真的小女孩儿，整天无忧无虑，那时的我最喜欢到奶奶家去，因为那儿有暖暖的灶头。

早上，我总是窝在灶头旁的稻草堆里，搞一个小小的恶作剧——等到大人来的时候，从藏身的稻草堆里跳出来，吓他们一跳，趁他们还没有反应过来的空当，便嬉笑着跑开了，留下一路的笑声。

到了下午，我喜欢靠着奶奶的膝头，听着火烧柴很旺时的"咯吱咯吱"声，美美地睡一个午觉。火光把我的脸映得红红的，也把我的心映得暖暖的。午觉睡醒后，奶奶会烤一个热热的番薯给我吃，而我总是一边喊烫一边手忙脚乱地剥皮，美美地吃下去。吃完后，我的小手被烤番薯的皮染得黑黑的，而我总是不知道，还用小手擦嘴巴，弄得小脸也黑黑的。有时候，我还会找一些毛栗子，趁奶奶不注意的时候扔进灶头里，过了一会儿，一声"嘭"的声音从灶里传出来，吓了奶奶一跳，而我总是在一旁笑着，为自己恶作剧成功而笑，也为能品尝到美味的熟毛栗子而笑。在以后的日子里，每次想到这些事，我都会忍不住笑出声来。

现在，那暖暖的灶头已变成回忆录中冷黄的一页，虽然已经陈旧，但总能勾起我对童午的美好回忆。那个暖暖的灶头啊！

091

似花还似非花

午后小音符

章天奕

很平静的一个下午。家里人各忙各的，安静而祥和。

屋内风平浪静。突然，几声嘹亮的鸟鸣传入耳中。本来也没什么嘛，可是，又传来的几声啼鸣，却让人感觉，仿佛这只小鸟就在身边似的，特别清晰，特别明亮，小鸟好像已经在我们家开"独唱音乐会"了一样呢！

这使我们全家人好奇不已，于是，接到老妈"前去调查"的命令时，我与妹妹一个标准的立定，行了一个军礼之后，低声回答："遵命，长官！"然后弓下身子，蹑手蹑脚地开始了地毯式搜查。Oh,my God！搜查至卧室时，我们两个"小特务"又惊又喜地发现，有一只小鸟停在窗台上，正四处张望着，尾巴对着我们，全然不知我们的到来。

我们俩差点欢喜地叫出声来！可是，为了不惊动它，我们便趴在地上，匍匐前进，到达窗台边了才小心翼翼地站起来——

这是一只多么可爱的小鸟啊！那细细的、软软的褐色绒毛贴在身上，松松的，蓬蓬的，在灿烂的阳光下，羽毛仿佛镀了一层金，让人看了就想摸一把；那浅粉色的大嘴，长长的，宽宽的，很俏皮的模样；那小脚杆儿非常美丽，玫瑰红的，细细的，颤颤的，看上去分外喜人；尤其是那双大大的眼睛，黑黑的，亮亮的，乌溜溜，水灵灵，好像两颗黑玛瑙，还透着一股神奇的灵性哪！我和妹妹刚看它第一眼，便被它深深地迷住啦！

这小家伙，可逗哩！它心安理得地站在窗台上悠闲地东张西望，还不时地回过头来梳理一下羽毛，俨然一副主人的姿态。它高兴时，就会引吭高歌，让一个一个的小音符从喉咙中蹦出，"叽叽喳喳"，给家里平添了几分生气。我和妹妹捂着嘴偷乐，小家伙，真好玩！

小家伙把头全方位转动，仿佛一台望远镜，要把四周的一切尽收眼底。一不小心，我们躲避不及，被它看见了！我与妹妹懊恼地想，它肯定会毫不犹豫地飞走的。可令人吃惊的是，它却不以为然，耸了耸翅膀，又用喙啄了啄尾巴，又反过身子去了。我们俩目瞪口呆：小东西，你不飞走当然好，但是——你胆子未免忒大了吧？你是这儿的主人还是我是啊？

它又在窗台上晒了十多分钟的日光浴，好像有点儿待腻了，鼓足劲儿，扑棱了几下翅膀，飞了起来。然后，它不慌不忙，调整好了方向，向另一个方向飞去了——天知道它是不是去寻找新的日光浴场去了！

我们一直目送着它。这只胆大的、可爱的、机灵的小鸟，如一个活泼的音符，消失在天那边了。

不知这个小音符又会将快乐撒播到何方！

不泯的微笑

王如意

暂不说"映日荷花别样红"的秀美，且不谈"千树万树梨花开"的神奇，更不用说清雅脱俗的水仙，顽强刚毅的梅花……你注意过春天里盛开在路边的小野花吗？它们虽不像梅花在冬天里怒放，但它们也有铁一般的生命啊！

三月的下午是懒散的。而我却精神抖擞地走在林荫小道上。前面是一级级台阶，晶莹的汗珠从我的红颊上滴落下来，亲吻大地。我盘腿而坐，手滑过一簇柔软而娇小的东西。哦，是一簇蓝色的花！不，不只是一簇，而是沿着山路长长的一排，仿佛一条蓝色的丝带，带着几分山野的气息。

我入迷了，嗅着花儿送来的自然的气息，起身痴痴地向前走着。这群笑得特别灿烂的花儿紧紧地挨着，蜜蜂也流连其间，开心地戏耍着。这群蓝色的天使哟，闻一闻，清香扑鼻；摸一摸，娇小可爱。可是，它们为什么长在路边呢？

忽然间，一块巨石激起我心灵深处的层层浪花。巨石旁边那一簇花儿一大片东倒西歪，几个脚丫的形状隐约呈现在我眼前。哦，那可是人类强有力的践踏！它们的蓝色花瓣、绿色的叶片已是奄奄一息，仿佛不能再经受任何一场挫折了。如果不是亲眼所见，你永远不会相信，也不能体会到生命的真谛竟是如此的理所当然。

它们在准备，等待下一轮的努力。风娃娃来大山做客了。它肆意地舔着它们的腰，玩弄着它们已被压折过的嫩叶，狞笑着。花儿会屈服吗？太阳快下山了，风儿呼叫着，拍着手掌，好像在说："你们投降吧！"花儿怎能屈服？怎能畏惧退缩？这次，它们随着风势一鼓作气地挺了起来，却让人感觉像大山耸立。继而它们艰难地舒展着枝叶，花瓣在风中翩翩起舞，向风儿展示着它们的胜利笑容！好美！

我现在才明白，小而柔弱的身躯，其实寄托着一个个美好的希望。生命之所以美丽，是因为在困难面前依然微笑！

看　日　出

夏简迪

第一缕阳光绽放开来，形成了清晨天空上似鱼鳞一般星星点点的橙黄，如同公主的盛大节日礼服一般。

我看到窗外那美丽的景色和诱人的色彩，睡不着，便赤着脚冲向窗台，望着这城市里的日出景观。

鸟儿"叽叽叽"的叫声划过天空，似乎成了一道弧线。在众鸟欢乐的歌唱声中，我还听见了"吱吱吱"的伴奏，是谁也在欢唱这清晨的美丽、阳光的温暖？是蟋蟀还是纺织娘？可是，它们的演唱是为了谁呢？

就在我沉思的时候，这出演唱会的嘉宾——太阳，把头一钻，露出了它那满头金发的脑袋，却又一翻身，钻进了云层间，像个顽皮的孩子躲进了被窝。鸟儿叫得更欢了，虫子唱得更响了，原来，它们当真是为这神秘的日出而鸣叫呀！

太阳从那樱花花蕊般淡淡的黄变成了深一点儿的鸡蛋黄，懒懒地铺在天空上。那样子真像一个黄皮肤的小精灵，奇怪极了，脸上还露出一丝淘气的微笑。慢慢地，太阳升得高了一点儿，挣脱了云层的怀抱，整个面貌一新，神气极了，而阳光也变得刺眼了，就像一把锋利的刀。我又偷偷地瞅了一眼：太阳简直就是一块金子，发出耀眼的光芒；又像几万把金箭，箭头尖尖的，刺得我眼泪都涌出来了；还有点像金色的水晶，透明的，似乎一碰就会碎成晶块。

我贪婪地看呀看呀，忘记了时间，这时门外响起了妈妈的声音："小姑娘，起床了！"见我没应，便破门而入，"一日之计在于晨，不要做个懒惰的女孩子哦！"这下，我只好依依不舍地离开了窗台。

那朝气勃勃的日出，让我的心充满了阳光，今天真是一个阳光明媚的好日子呀！

096

我是一棵小柿子树

李逸森

五月的风暖暖的，把我吹得舒舒服服的，我尽情地享受着日光浴。我们的主人是一位慈祥的老大爷，他两鬓斑白，已年过七旬。老人的儿子是位边防士兵，常年驻守祖国的边疆，老大爷也已经很久没看到自己的儿子了。

透过层层叠叠的树叶，我隐隐约约地看到，老大爷站在树下抬起头仰望着："小柿子啊，我非常想念我的儿子，不知他现在过得怎么样。他说过，在秋天团圆节柿子成熟的时候，他会回来过节的。"我听了非常感动：我是老大爷的希望，我一定要长得又大又圆，为老大爷的儿子指引回家的路。

我的成长过程非常艰辛。春天到了，我们都一个个小小的、绿绿的、硬硬的，像小青枣似的。可谁知道，随着一阵电闪雷鸣，"哗哗哗"下起了冰雹，我身边的一个小姐姐，不幸被冰雹击中掉了下去。树妈妈赶紧让叶子姐姐和树枝哥哥保护我，叶子姐姐伸出两片大叶子紧紧地抱住我，树枝哥哥也用尽全身的力气拉住我。总算没下多久，冰雹终于停了，保护我的叶子姐姐和树枝哥哥已被砸得遍体鳞伤。

雨过天晴，又是崭新的一天。"呵呵。"是谁在笑？一只毛毛虫冷笑着，向我走来，"我要把你吃掉。""不要啊，不要啊！"我痛苦地惨叫着，呼救声引来了一只啄木鸟，我向他求救："啄木鸟先生，快救救我，我快要被他吃掉了。"啄木鸟充满同情地对我说："小柿子，你真可怜，我一定会帮助你的。"很快，啄木鸟开始行动了，他张开锋利的尖嘴，毛毛虫无处可逃，成了啄木鸟的美食。太好了，我们得救了。

我努力地长啊长啊，叶子姐姐提供养料给我，树枝哥哥运输水分。秋风送爽，我们的身体又比以前增大了许多，变得更黄了，但还是硬涩涩的。又一场大雨来袭，雨哗哗地下个不停，树妈妈也冻得发抖，摇摇晃晃，快支撑不住了。老大爷透过窗户，看见我们被雨水淋着，就拿出一块大的塑料布，爬上屋顶为我们遮起了一把大伞。

太好了！我们成熟了！一颗颗小灯笼挂在树上，黄黄的、嫩嫩的，又大又圆，谁见了不眼馋口馋？今天是团圆节，晚上家家户户都聚在一起吃团圆饭，赏月吃柿子。老大爷焦急地站在门外等儿子回

似花还似非花

家。远处有一个人向柿子树这边走来，老大爷一眼认出了自己的儿子，他们激动地拥抱在一起，流下了幸福的泪花，然后开始品尝我的鲜美。

我是一棵快乐的小柿子树，我完成了自己的使命。

美术课"逃亡"记

赖红佳

"唉，无聊！无聊！真无聊！"早早完成了美术作业的我正趴在桌子上无所事事地东张西望。周围的同学都在埋头赶作业，我好生羡慕。"我这脑子呀，关键时候总是掉链子，怎么就没想到把家庭作业带来呢？"我用笔头敲着脑袋，使劲儿埋怨自己。

突然，姜景瑜和王科澄向老师申请去厕所。我眼前一亮："嗯，不错！我也跟着出去透口气！"于是，我悄悄地出了美术教室。我惊奇地发现，原来他俩并不是去上厕所，而是借上厕所的名义回去拿作业本。我心里一阵窃喜，正愁没办法做家庭作业呢，不去白不去！

走到一楼，我急匆匆地想往大门走，姜景瑜叫住了我："嘿，赖红佳，别往那儿去，我们往地下室走吧！""为什么呀，大门不是更方便吗？"我有些丈二和尚——摸不着头脑。"往地下室走，老师不容易发现。"不愧是聪明人，姜景瑜的主意就是多。

出了科技楼，我们急急忙忙地去教室拿上作业本，又急急忙忙地走回美术教室。一路上，我们热烈地讨论着这几本作业本怎么办。要是老师发现了询问我们，总不能说是在厕所里捡到的吧？马上要进教室了，王科澄急中生智，想出了个主意："要不把作业本藏在校服里吧。"我听了立刻转忧为喜："这真是一妙计，我们学校的校服又宽又大，把作业本藏里面，不太容易被发现。"

到了美术教室，我一手捂着作业本，一手扶着墙壁，蹑手蹑脚地走了进去。不小心点儿可不行啊，被老师的火眼金睛看出端倪可就功亏一篑了。我边小心翼翼地从外套里拿出作业本，边左顾右盼。忽然，"啪"的一声，我不由得一个激灵："哎呀，这下可坏了，我被老师发……发现了，她气得在拍讲台呢，怎么办，怎么办？我怎么跟老师解释啊？"我慢慢地回过头，原来是老师把黑板擦掉地上了，我长长地舒了一口气，用"做贼心虚"来形容现在的我真是再合适不过了。我拍了拍受惊吓的小心脏，呆坐了好一阵子，才慢慢地缓过神儿来……

当我再次拿起笔准备写作业时，"丁零零"，下课铃响了，我辛辛苦苦"偷"回来的作业还没开始写呢！唉，真倒霉，我下次再也不干这种课上"逃亡"的傻事了！

似花还似非花

像泰山一样飞跃

　　无数的树木和刚开始时的顾虑被我甩在身后，我开始享受飞跃的乐趣。我从一个平台"飞"到另一个平台，一路上，凉风迎面吹来，拍打着我的脸颊。一棵棵大树向我身后退去，瞬间就被我征服在了脚下。

难忘那一幕

谢小宁

每个人都曾有一段难忘的经历，有些是美好的，有些是痛苦的，甚至有些是令人不堪回首的，而我的经历却是令人心生恐惧的。

我永远难以忘记五岁那年，艰难逃过病魔毒爪的那一幕……

小时候，家里很穷，所以爸爸、妈妈被迫去外边打工，挣钱养活我们几个孩子。某天，妈妈突然对奶奶说："妈，我已经两年没见小妹了，这次回家，我想带她和我一起去外边生活，让我尽到做一个母亲的责任。"奶奶听后想了想便同意了，于是，我便随着父母来到三亚居住。

妈妈租的房子很小，但我知道这已经是他们能租得起的最好的房子了。住了几个星期后，我突然感觉身体不舒服，呕吐不止。妈妈带我去医院看病，我不小心把血吐到了医生的身上，随即晕倒。后来听家人说，等医生们把我抬到病床上后，我还是不停地吐血。上了手术台，第一次手术并没有成功，第二次也失败了，医生严肃地对妈妈说："××的家属，你还是做好心理准备吧！"

此时，妈妈早已面无血色地跪在手术室门口，对着医生哭喊着："医生，求求你们，再救救她吧！"接着又冲着手术室里的我叫道："丫头，你给我醒过来啊，你是妈妈的命啊！""老天爷，孩子假如犯了什么错，你要惩罚就惩罚我吧！她还小，不懂事，你就把她还给我吧！"不知道是老天爷显灵，还是医生被妈妈感动了，破例为我做了第三次手术，终于把我从死亡线上拽了回来。

那一刻，我在黑暗的世界里隐约听到了一个熟悉的声音在不停地呼唤着我的名字……也不知过了多久，我慢慢地睁开了双眼，看到妈妈正满脸泪水地坐在我的身边，嘴里还在不停地叫着我的名字。看到我苏醒过来，她声音沙哑地说："孩子，你终于醒了，你知道不知道啊，你已经昏迷七天七夜了！"说着，她的泪水又流了下来。而我，浑身软弱无力，一个字都说不出，只能静静地躺在她的怀抱里，任凭妈妈的泪水滴在我的脸上，滴到我的心里……

虽然这件事已经过去很多年了，但是我永远难忘妈妈那撕心裂肺的呼喊，是她的呼唤将我从黑暗中唤回，让我重新享受到那温馨的母爱……

103

抢 红 包

梦雨轩

"雷子炫已领取了你的红包！"

哟，上课溜号的我刚在班级群里发了一个红包，就被雷子炫抢了。咦？怎么方老师也发红包了？赶紧抢！哈哈，抢到了！点开看看红包里有什么……啊？糟了，是"办公室罚站三十分钟"。一转眼，我就被手机吸了进去，接着又出现在了老师办公室里。我的身体像被固定住了一样，动弹不得，只能规规矩矩地站着。唉，谁让我上课偷偷玩手机，被方老师抓了个正着呢？

"加我就送红包哟！"

这天晚上，有一个人要加我的微言，还说加他就有红包送。一听"红包"两个字，我想：反正加了他还能删，万一真有红包，那不是赚了？于是，我立刻加了他。他还真给我发了一个红包。我迫不及待地点开红包，结果从手机里冒出了一大堆糖果，然后又出现了一个小孩，说："甜甜牌糖果，真甜！"哟，现在商家还会用红包做广告了？

"噼里啪啦！噼里啪啦！"

爆竹声中新年到。怎么姐姐还没到家呀？我问妈妈，妈妈说："唉，姐姐的飞机晚点了，要明天才能回来。""不！"我不愿接受这个现实，难过地回到了房间。在房间发了一会儿呆之后，我急中生智，发了一个红包给姐姐，姐姐立马出现在了我的眼前，是什么红包这么神奇？当然是"瞬间移动红包"啦。姐姐抢了红包之后，立马被手机吸了进去，又从我的手机里出来了！这可是花掉了我所有存款的神奇红包呀，效果当然要神奇啦！然而，我还没开心一分钟，"嗖"的一声，姐姐又消失了。哎，"瞬间移动"，移动的效果原来只有"一瞬间"啊……

不说了，有人发红包了！

像泰山一样飞跃

谢云森

来到清迈的第二天，我期待的丛林飞跃终于要开始了！我之所以期待它，是因为它能让我像电影里的人猿泰山一样在丛林里玩耍，享受自由自在的感觉。

我戴上头盔，穿上"铠甲"，拿好简易"刹车"——一根木棍，佩戴好滑索工具，这就出发了。

走过短短的山路，我们来到了第一个平台。教练示范了第一个飞跃。只见他双脚倒挂，大头朝下，"吱溜"一下，飞快地滑到了第二个平台。他的高超技艺不禁让我感到震撼，也让我仅存的恐惧消失殆尽。

轮到我了。教练将我挂在了滑索上面，我的心跳一下子就加速了。教练轻轻地推了我一下，我的双脚立刻就腾空了，我的飞跃之旅开始了！无数的树木和刚开始时的顾虑被我甩在身后，我开始享受飞跃的乐趣。我从一个平台"飞"到另一个平台，一路上，凉风迎面吹来，拍打着我的脸颊。一棵棵大树向我身后退去，瞬间就被我征服在了脚下。

丛林的神秘注定我的旅程将"危机四伏"——就在我快滑到终点时，由于速度不够快，我停在了终点前面。稍一停顿，我便开始往后滑。那一刻，我想起了"飞夺泸定桥"的画面。我稳定了一下心情，告诉自己不要慌张，然后从容地用手拉住铁索，双手交叉，把自己送向终点。嘿，我成功啦！

在整个飞跃的过程中，最刺激的就是丛林速降。我们需要从树的顶端垂直滑到树腰处，上下的落差大概有几十米。听着第一个人滑下去时的惨叫声，我在心中暗暗祈祷，希望最后才轮到我。可谁知，教练让我第二个上场！悬空的一瞬间，我立刻闭上了眼睛，把身体缩成一团。只听"嗖"的一声，我的身体迅速地往下落，而我的心却在急速地向上蹿……

最不可思议的是最后一个平台，它是一条很长的滑道，滑道下面是湍急的河水，我们要跨越那条河，抵达对岸。我是第三个渡河的人。虽然前面已经有两个人安全渡过，可我还是有点儿紧张，滑索刚一出滑道，我就紧紧地抓住滑索，一点儿也不敢松开。随着时间的推移，我的恐惧在慢慢消散。滑到河道中央时，我索性张开了手脚，呈"大"字状。我开始在空中"漫步"，踏着脚下的滔滔流水，顺利到达了对岸。

十九个平台的飞跃结束了，我依然意犹未尽。我仿佛还穿越在丛林中，感受着飞翔的快乐和自由……

还能愉快地看书吗

王子骞

冬日暖阳用它那柔柔的手，抚摸着窗台，抚摸着书桌。小屋内，书香怡人，充满了温暖的气息。书桌上，随意摆放着几本书，一杯清茶，几片肉脯，还有几页零散的稿纸。此刻的我，正静静地坐在我的小屋里，品读着《水浒传》，享受着名著带来的乐趣。

"九纹龙史进中计了，被关进东平府死囚牢里！"看到这里，我整颗心都揪了起来：史进会死吗？会有人来救他吗？宋江能拿下东平府吗？史进可是我最喜爱的英雄，我多么希望他能转危为安啊！我轻轻地放下书，想释放一下心中紧张的情绪。

"吱——"门开了一道缝。妈妈抱着像毛球一样的小猫咪咪，侧身进来，随即右脚往后一带，门就关上了。一进门，她就把咪咪放下，坐到窗前，也拿起书看了起来。

我伸手拿起一片肉脯，一边嚼着，一边继续看起书来。"喵——喵——"要不是咪咪在叫，我都没有发现它已经来到我身边，而且已把那毛茸茸的爪子伸向肉脯——它要偷吃！我瞪着咪咪，它"喵呜喵呜"地叫了几声，一副可怜兮兮的样子，然后知趣地躺到妈妈身边。

"咯吱""咯吱咯吱"……哪儿来的声音？我抬头一看，咪咪甩动着脑袋，正在啃着几张白纸。不管它了，此时的史进可正在生死关头呢！哎，不对不对！我把头伸过去一看，咪咪嘴里咬的是我昨天花了一小时才打印好的《速度与激情》主题曲。天哪，我的心都要碎了！一气之下，我用力一挥手，咪咪吓了一跳，逃到了避难所——床下。

"宋江捉住董平了！"看到这精彩的一幕，我准备拿笔画下来，却发现笔没了。我四下寻找，无意中发现咪咪正在一旁咬着地毯，就在地毯掀起的一瞬间，我看到了我的笔。不用说，一定是咪咪藏的。顿时，我气不打一处来，拿起旁边的抱枕朝它扔去，嘴里喊道："妈妈，你管不管它！还让不让人愉快地看书啊！"

"咪咪，你太调皮了，不准打扰哥哥看书。"妈妈也忍无可忍了，起身要把咪咪抓走。可它也不是吃素的，后脚用力一蹬，跃过了桌子，敏捷地落到地上，冲进床下。妈妈只好拿来鱼干，一遍又一遍地喊着它的名字。终于，咪咪探出脑袋，小心翼翼地走过来。妈妈趁机一把抓住，把它送进了笼子里。

呼！世界清净了，我终于可以愉快地看书了。

狗小闹得了抑郁症

曹源格

闹闹的抑郁症

近几年，社会上流行一种病——抑郁症。其症状为：茶不思、饭不想、心情抑郁。近段时间，我们家的颜值担当——"帅哥"狗小闹，偏偏要赶这个时髦，也得了抑郁症。你一定很纳闷：狗也会得抑郁症？它每天不愁吃喝，还会有心情不好的时候？事情的缘由，得从可乐的到来说起。

可乐的到来

我家所在的小区门口常年居住着一只流浪狗，它生了一窝小狗，为了不使小狗们再成为流浪狗，我便收养了其中一只，给它取名为"可乐"。

可乐是一个温柔听话的"小姑娘"，它黄白相间的长毛光滑柔顺，毛茸茸的尾巴向上翻卷，非常漂亮。它的到来为家里增添了不少乐趣。可乐来我家后，就和闹闹一起睡觉、一起吃饭、一起玩耍，成了一对形影不离的好朋友。每当有大狗欺负可乐时，闹闹就会挺身而出帮忙解围；如果闹闹有难，可乐也会奋不顾身地冲上去。它俩总是并肩作战，从不言败。

就在可乐五个月大时，它们之间的甜蜜仿佛被风吹散了。这个年龄是可乐一生中最活泼的阶段。它只要一见到闹闹就会扑上去，和闹闹"厮打"起来。可闹闹已步入中年，性格沉着稳重，不喜欢打架这种小儿科的游戏了。但妈妈从来不凶可乐，反而在旁边喊："可乐，真棒，压住闹闹！"可乐也越战越勇，那眼神好像在向闹闹炫耀："主人喜欢的是我，不是你！"

慢慢地，家中回荡的声音不再是"闹闹，让我抱抱你"，而是"可乐，快来，抱抱"。久而久之，那个趾高气扬的狗小闹消失了。闹闹每天趴在笼子里，一副无精打采的样子，即使笼门大开，它也不出来，眼神里满是幽怨。有几次，趁大人不注意的时候，闹闹对可乐露出了凶恶的表情，它龇着牙，低吼着，仿佛在警告可乐："小东西，别惹我，是你把我的一切都抢走了！"但是这些妈妈丝毫没有察觉。

发现抑郁症

直到有一天，姥姥几次想领着闹闹和可乐出去散步，可闹闹死活不和可乐一起去，姥姥和妈妈才发现闹闹最近有点儿不对劲：目光呆滞、无精打采、茶饭不思，一副生无可恋的样子。经过姥姥火眼金睛的诊断，确诊闹闹得了抑郁症。

治疗抑郁症

俗话说："一山不容二虎。"现在看来，"一家也容不下二狗啊"！为了治好闹闹的抑郁症，我们只好对症下药，依依不舍地把可乐送到了奶奶家。现在，美食让闹闹一狗独吞；笼子让闹闹一狗独占；全家人的爱也让闹闹一狗独享。经过几个星期的精心治疗，闹闹终于又活泼了起来，恢复了往日的神采。现在你知道闹闹得抑郁症的始末了吧？闹闹在我们家的地位无狗可以取代，它是我们家的掌中宝。

"筷子"来了！

刘 莘

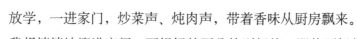

放学，一进家门，炒菜声、炖肉声，带着香味从厨房飘来。

我想悄悄地溜进房间，可妈妈的耳朵特别好使，即使再轻的脚步声，她都能捕捉到，冲我高声喊道："吃饭了！"

我刚坐下，妈妈便从厨房冲了出来，她半眯着眼，在冒着热气的炖锅里仔细筛选出几块最大的肉，一边使劲儿地吹着热气，一边急急地往我碗里送。

"'筷子'又来了！我不要你成为我的筷子，我自己有手，我自己会吃饭的啊！"我嘀咕着。我都快十三岁了，可坐在餐桌前，仿佛成了还未长大的孩子。

我终于憋不住了，向妈妈摊牌，明确地说出了自己的想法："妈妈，我长大了，能不能请您不要再做我的'筷子'，让我自己吃饭，我有自立能力了！"妈妈当时只"哦"了一声，随后，她确实收敛了几天。

不过，冲突还是不可避免地爆发了。

那天，同学邀我聚餐，叫我把妈妈也带上。我心里既兴奋又担心，要是妈妈的"魔筷"又向我袭来，岂不被同学笑话？我不放心地提醒妈妈。

她看着我，笑道："放心吧！"

到了聚餐那天，菜上齐了，大家还没行动，妈妈却不假思索地站了起来，夹起砂锅里的一根鸡腿，朝我送来。眼瞅着鸡腿就要落入我的碗中，她终于瞄到我愤怒的眼神。只见她稍作停顿，筷子一转弯，很自然地把鸡腿转送到旁边同学的碗里，嘴里说着"祝你学习进步"一类的客气话。我长舒了一口气，心里暗暗夸妈妈机灵。可我分明看到她眼中黯然的神色。

从那以后，"筷子"很少再来烦我，可看着吃饭时不再谈笑风生的妈妈，我心里很不是滋味。过了些时日，我终于忍不住了："妈，还是你夹的菜好吃！"听到这喜讯，妈妈会心地笑了，而她的筷子，则又欢天喜地地忙了起来。

我有一个"小金库"

贾晨阳

晚上，我们一家人到超市闲逛。看着琳琅满目的商品，我一会儿想要这个，一会儿想要那个。爸爸被我缠得没办法，突然急中生智："我看这样吧，半年给你一百二十元的零花钱你自己支配，想买什么都可以，爸爸妈妈不加干涉。"妈妈也微笑着点头同意，我心里真是乐开了花。

回家后，爸爸遵守约定把一百二十元钱给了我。我心里很激动，左找右找，拿着钱不知放在哪儿好。最后我找到了一个旧钱包，我把钱数了又数，然后才小心翼翼地放进去。虽然这是妈妈早已不用的旧钱包，但我仍然爱不释手，擦了又擦，摸了又摸，一会儿又把钱掏出来数数，生怕被小偷偷了似的。这可是我第一次拥有"小金库"啊！

拥有了这个"小金库"，我觉得自己的生活改变了……

第一天，我拿着五角钱去上学，想顺便买一个雪糕。到了学校门口的商店，我心里却犹豫了，看看手里攥着的五角钱，想到了爸爸曾经说过的话："钱要花在最需要的地方才有价值。"我又抬头看看太阳，"不很热，算了，不吃了。"想着，我便跑进了教室。

第二天，我们又去逛超市，我看到一杯饮料想要买，可是心想："一百二十元随便花很快就会花完的，我要在最需要的时候花才行。"我恋恋不舍地放下了饮料。在玩具区我看到了一个叫"香橙战宝"的玩具，这可是我很久以来梦寐以求的玩具呀。爸爸说我长大了，不需要买玩具了，唉！就把它作为我的最后一个玩具买下来吧。要是在以前，我想要什么从来都不假思索就揽进购物袋里了，哪有这样犹豫徘徊考虑半天啊！

第三天，我和爸爸去河边游泳。游完泳上了岸，我看到那诱人的烧烤，肚子立刻发出了"警报"，"咕噜咕噜"地叫了起来。又是考验我的时候了！妈妈经常提醒我，这些食品是"垃圾食品"，尽量少吃。还是回家吃健康食品好了，又能为我的"小金库"省下不少钱呢。我咬咬牙，斗士般地扭头坐上了爸爸的摩托车。

到今天为止，我的"小金库"只花去了买玩具的十八元钱。有了这个"小金库"，我才真正体会到"不当家不知柴米贵"的含义。爸爸说，"大丈夫要有所为，有所不为"，我现在终于做到了"大丈夫有所买，有所不买"了！值得鼓励吧?

113

我的快乐暑假

朱艺文

北京，一个文化之城，是我国的首都，令人向往。今年暑假，我来到了这座充满神秘气息的城市，留下我的脚印，记下我的感受。

梅子留酸

"梅子留酸软齿牙，芭蕉分绿与窗纱。"多么优美的诗句啊，在我眼里，北京就像一颗浅红微紫的梅子，不过品尝它的却不是我的味蕾。虽说我们乘坐的是高科技"和谐"号动车，但一晚上的颠簸，还是让我浑身上下酸胀不已。上午的目的地是颐和园，放眼望去，满眼的绿中夹着点点的金黄。湖水清澈，湖底石子、水草交杂，一条条鱼儿欢快地游来游去。湖面平静如一面镜子，把山上的风光一点不漏地呈现出来，仿佛比上头的还要清晰漂亮。从山上往湖上看，阳光映在湖面上，波光粼粼，闪闪发光，犹如一大片千年的宝藏沉入湖底，映出诱人的光辉。湖面上的小船星星点点，这让我想起了一篇课文——冰心奶奶的《只拣儿童多处行》："湖面无数坐满儿童的小船，在波浪下荡漾。"这句描写和眼前的景象颇为相似。只用了一个上午的时间，我们就走遍了整个颐和园，没来得及细看景色，也没来得及好好休息，我累得气喘吁吁，两脚酸软无力，下台阶时更是两腿僵直，"僵尸"状蹦下去。下午的天坛，我是好不容易才撑过来的，几乎是吊着爸爸妈妈才走完全程，小腿肚子怎一个"酸"字了得！北京啊，北京，这枚诱人的梅子啊，让我酸痛无比。

火辣的朝天椒

经过一晚上的休息整顿，我们又背着十几瓶水出发了，这次的目的地是八达岭长城。这天的天气比第一天热，没走几步，额上就渗出汗了。但爬长城的人还是很多，八达岭长城十分陡峭，长城上到处都是黑压压的一片，挤满了人。刚上长城时，我意气风发，决心要走到好汉坡，可刚走了一关我已大汗淋漓了，脚下如灌了铅一般，沉重无比。火辣辣的太阳像是在有意考验我的意志，像无数金针扎着我的皮肤，刺得睁不开眼。妈妈在旁边鼓励我坚持下去，于是我稍加休息，又是墨镜又是遮阳伞的上路了。这一关比那一关还陡，好不容易过了第二关，我被太阳彻底打败，感觉皮肤像被烤焦了一样，头发仿佛已经冒青烟了，实在走不动了。爸爸妈妈坚持到了好汉坡，这里的人潮不减，此时，太阳更火了，一个字——辣，两个字——火辣，三个字——火辣辣。忽然想起小时候妈妈给我猜的谜语："青枝绿叶果儿长，辛辣甘甜任人尝。红装虽艳性刚直，亭亭玉立斗艳阳。"北京啊，一枚鲜红火热的朝天椒。

摩卡的尖叫

北京欢乐谷给我留下了最刺激的回忆。刚一进大门，我们就迫不及待地冲向"天使之翼"。音乐开始，我们边飞边转圈，飘飘悠悠，宛若腾云驾雾，我就是天使啊。荡秋千、摩天轮，天旋地转，刺激极了！最刺激的还是丛林飞车，简直像火箭一样，速度惊人，一会儿天上，一会儿地下，一会儿又翻了个跟斗，一会儿又穿过了大山洞，有时感觉整个身体都要被抛到九霄云外去了，我紧闭眼睛，从头到脚每个毛孔都在尖叫不已。最后双脚总算踏实地踩到了土地，身子仍然飘飘然发虚。爸爸递给我一罐摩卡，喝了一口，咦？怎么就是尖叫时的那种滋味？这让我忘了疲劳，忘了酸痛。

苦 瓜 不 苦

在北京的十几天，我们一家，顶着烈日，两腿酸痛，游览北京的名胜。累归累，却收获很多。个中滋味，犹如盛夏的一盆清炒苦瓜，清清淡淡的苦味留在齿颊，却妙趣无穷。怎么样，我的北京之行中的

我发现了吊兰的秘密

黄可欣

我家养了几盆吊兰，能干的妈妈把它照顾得枝肥叶茂，翠色欲滴。最近几天，我发现了吊兰的一个天大的秘密——吊兰喜欢听音乐。这个秘密是我在爸爸妈妈房间里发现的。爸爸妈妈房里有一台电脑，电脑里经常放着音乐，而在电脑旁有一盆异常茂盛的大吊兰，它的枝叶长得又大又粗，呈深绿色，完全没有一丁点儿黄色，枝叶的大部分叶尖儿向外散开着。叶子一片比一片长得高，好像要长到天上去，又好像在与另外的枝叶比比谁长得更快更高。它们比其他地方的几盆吊兰明显茁壮许多。

为了证明吊兰长得异常茂盛与音乐有关，与它摆放的位置不同没有关系，我将两盆吊兰换了一个位置，同样放上音乐，移到房间外的吊兰还是长得异常茂盛，而移到房间内的吊兰也变得精神多了。那么，肯定就是音乐的关系了。我高兴极了，因为我找到了能让吊兰长得异常茂盛的方法了，只要经常放音乐就行了。

我在双休日这两天经常放音乐，结果却出人意料，在这两天里，房间里的吊兰非但没有变好，还出现了叶子下垂、发黄的现象，甚至枯死了几片叶子。我惊慌了，心想：昨天发现的秘密怎么不灵验了？好奇心驱使着我去网上查找，才知道了真正的答案，原来：植物与人一样，它们只是不能掌控自己而已，它们喜欢听音乐，但不喜欢长时间地听音乐，而且不喜欢听刺耳、劲爆的音乐。所以，我老给吊兰听歌，有时还听刺耳、劲爆的音乐，吊兰的"耳朵"受不了，当然就要"死"了。

我将自己的发现告诉了妈妈，告诉她以后要给吊兰浇水、施肥，还要按时听歌。妈妈听了，高兴地说："哟，都知道吊兰的秘密了，我的经验不够，可要向你好好学习了。"我听了，高兴地笑了起来。

我发现了吊兰的秘密，你们也赶紧去试试吧，不过可要记住我的教训哦。

全身是宝的丝瓜

赵鑫谕

乡下人家，总喜欢在房前屋后种些瓜菜，一来摘吃方便，二来还可作别样的装饰，何乐而不为呢？

在我们家种得最多的是丝瓜。每年春天的三、四月份，妈妈就在院里院外种上十几棵丝瓜。刚开始，瓜苗很小，看上去有些蓝绿，不久，它的藤蔓就会爬到棚架上或墙头上，这时你不用多费心，只记得每天浇点儿水就可以了，如果你想让它们长得快点儿，还可施少量的化肥或土杂肥。

春末夏初的时候，藤蔓和叶子已把棚架遮满了。在炎热的夏季里，每当我放学回家，就搬把小椅子坐在棚架下，享受着浓浓的绿荫带来的清凉，还时不时观察丝瓜的长势。丝瓜的藤蔓是很有趣的。藤蔓上长叶柄的地方，会长出卷须，卷须弯弯曲曲的，顶端像个小钩子，仿佛它长着眼睛，看见棚架上哪里有空隙，就伸向哪里，以便牢牢地卷住。丝瓜藤蔓就是靠无数卷须的帮助，才慢慢地布满整个棚架的。丝瓜的叶绿绿的，大大小小的如张开的手掌。当丝瓜藤蔓顺着棚架不断伸展的时候，在叶柄处的茎上会开出一些黄色的小花，点缀在绿叶中间。小花有五个花瓣，花瓣的形状是椭圆形的，由花蕊向外张开着，像绿叶妈妈的小宝贝们在高兴地咧着嘴笑个不停。

早晨，花瓣、花蕊上挂满了露珠，一阵清风吹来，花香四溢，一群小蜜蜂嗡嗡飞来，噢，它们要忙着采蜜了，花谢了，丝瓜也悄悄地从叶柄上端钻出来。先是小的，嫩嫩的，泛着水灵灵的浅绿。等到长到小孩儿手臂粗的时候，就变成深深的墨绿了。有的藏在棚架的叶子中，有的则从棚架下垂下来，散发着诱人的气息。

当丝瓜长到二三十厘米长的时候，就可以采摘了。鲜嫩的丝瓜可蒸熟拌着吃，还可以用来做丝瓜鸡蛋汤，那味道真是美极了。丝瓜长得旺的时候，几天就能摘一篮子，自家吃不了，妈妈还送给邻居或亲戚。丝瓜可以一直吃到秋天。等秋天瓜蔓变黄、叶子变枯的时候，那些老了的丝瓜，也是很有用的。丝瓜里的丝瓜络可以做药，治胸肋疼等病，也可用来洗刷餐具，或者洗澡时用来擦背。丝瓜全身都是宝，这使得我更加喜欢丝瓜了。

吃货的零食秘籍

殷紫涵

　　我有一个好尝百味的舌头，一个容纳无数零食的好胃口，一颗立志吃遍天下的雄心。人送绰号"小吃货"。本人最大的梦想就是把零食装满我的小屋，左手搂着薯片，右手勾着饼干，枕在棉花糖上看童话书。满眼都是亮闪闪的巧克力，满屋子飘着香甜的气味。唉，可惜这只是吃货说梦。为了证明我是个不折不扣的"吃货"，现在我想把自己吃零食的一些小体会和大家分享一下。

　　相信大家都爱吃薯片，我也不例外，不过我觉得袋装的比罐装的更好吃。一拿起薯片袋子，听到那窸窸窣窣的声音，心情就变得特别棒。撕开一角，被炸成金黄色的薯片挨挨挤挤露出了头，凹凸不平的面上洒满了浓郁的调味料，嚼一片，又脆又香。我很爱吃意大利香浓红烩味，包装袋上的薯片还配有红烩汤的图案。吃一片下去，真的有红烩汤的味儿，甜甜的，有点儿像西红柿，但土豆的味道却保存了下来，吃上去特别香脆。吃完舔舔手指，真验证了"吮指犹香"这个词。

　　接下来，本吃货推荐的是彩虹糖。打开罐子，一粒粒五颜六色的"小纽扣"就蹦跳着跑出来。红的是草莓味的，绿的是青苹果味的，还有橙色的橙子味，黄色的柠檬味，紫色的葡萄味，难怪叫它彩虹糖。不过你可别被它美丽的外衣迷惑了，在它鲜艳的衣服上裹着一层白色的像糖一样的东西，就是它，会让你眉头紧皱，满嘴直泛酸水。不过待它溶化后，你就会嚼到醇香的巧克力了。我喜欢的吃法是塞一把进嘴里，各种口味混搭着，滋味无穷。

相信每个孩子都爱吃果冻，它们像水晶一样光滑，一撕开包装汁水就流了出来，果肉颤颤巍巍地抖动着，你得快一点儿用嘴巴吮吸，呀，味道实在是太好了！各种冰凉的果汁在舌尖上蔓延，怎一个"爽"字了得！

其实，我最爱的滋味得数味道最丰富的提拉米苏蛋糕了。一块小小的心形蛋糕，裹在亮晶晶的蜡光纸里，第一层是可可粉，味道有点儿苦；这时不要放弃，再尝第二层，美味袭来，整个舌头都沉浸在香味里，奶油在嘴里狂欢；第三口，那是一种清爽的味道，入口即化，甜而不腻，此时的你会忘记一切烦恼，沉浸在幸福之中。

介绍了这么多我最爱的零食，你们一定羡慕极了我可以天天吃吧，其实，这些东西已经被妈妈定性为垃圾食品，所以我也只能浅尝辄止。这次搜肠刮肚地写出一篇零食秘籍，什么时候馋得厉害，读一读兴许就能解馋呢。

吃货秘籍，拿走不谢。

我 是 明 星

丁　悦

　　"下面，有一则喜讯要和大家分享，"只见邓老师扬起手中的杂志，兴高采烈地继续说道，"丁悦的想象文《晴天有时会下骨头》荣获第十六届'新作文杯'全国小学生放胆作文大赛特等奖呢！"

　　同学们不约而同地一阵惊呼，纷纷向我投来羡慕的眼神。顷刻间，我被喜悦和自豪包围了。

　　"希望大家能向丁悦学习，平时多读书，勤练笔，力争取得佳绩！"教室里顿时掌声雷动。

　　还没下课，同桌就按捺不住强烈的好奇心，心急火燎地说："那本《新作文》，我第一个预订哦！不许借给别人看！"

　　还没等我回答，前桌的邱智涵侧过身来，压低嗓门说："先借我看！"

　　同桌不依不饶："明明是我先预定的，凭什么你要先看？"

　　"拜托，我一个月前就预订了！"邱智涵也动怒了。他们俩唇枪舌剑，争论声此起彼伏。

　　邓老师犀利的眼神"杀"过来，他们两个才被迫休战，一旁的我也胆战心惊，如坐针毡，一心祈祷早点儿下课。

　　"丁零零……"下课啦！哪知，同学们一窝蜂地向我涌来，刹那间，我的地盘沦陷啦！

有的同学甚至为了一睹作文"真容"，和平日最要好的朋友争得不可开交；还有的小组长竟忘了自己的职责——撇下一堆作业也来凑热闹。我只得变身为"小小调解员"，安抚他们轮流阅读，说得嗓子直冒烟。

最后，还是班主任张老师解了围。她踱进教室，同学们立刻做鸟兽散，纷纷回到自己的座位。我终于呼吸了一口新鲜空气。

"好消息真是接踵而至啊！我们班这次被评为'五星级文明班级'，这离不开大家的齐心协力，丁悦可是这次获奖加分的大功臣哦！"

霎时，同学们欢呼起来！"丁悦真是明星！"不知是谁高声喊道。

看来，明星也不好当啊！以后，我还是要多发表作文，力争每人一本！既为班级争光，也能让大家和平共处！

醉　海

张易菲

我从小生活在内陆，对海十分向往。暑假时，我们一家人到威海游玩，我在那里饱览了大海的风采。

这天上午，刚到海边，我就为大海的雄浑和壮阔所震撼。我高兴地呼喊着："大海，我来了！我来了！"站在海边，极目远眺，在视力所及的边缘，蓝天和大海连成一片。宽阔的海面，像一块硕大的布，在你的眼前铺展着。蔚蓝的海水，一波又一波地向海边涌动，亲吻着游人的脚。

来海边游玩的人真多啊，可谓人山人海。有的躺在沙滩上，有的在海边玩水，还有的在静静地感受大海的呼吸。见此情景，我也迫不及待地脱了鞋，卷起裤管，冲到海水里。海水温柔地抚摸着我的脚和腿，我与大海有了第一次亲密接触。我在海水里小跑着，海水浸湿了我的裤子，我也毫不在乎。玩累了，来到岸边，看见一些小朋友在水洼里捉小螃蟹，我也过去捉了几只，放到一只玻璃瓶子里，小螃蟹在瓶子里慢慢地爬行着，真好玩。天渐渐热起来，有的人把自己埋在沙子里，只露着一个头。而更多的人，则是在海水里驱热纳凉。

下午的时候，我们与一些游客坐上了一艘船，驶进了大海的深处。心中交织着紧张和兴奋，我扶着栏杆，迎着微带腥味的海风，感受到了大海的粗犷。越往海的深处行，海水变得越蓝。深蓝的海水，在阳光的照射下闪着粼粼的波光。不时看到海水中的鱼儿从船的身边游过。一些黑白相间的海鸟，在船边飞翔着，鸣叫着。勇敢的海鸟，还去追逐海浪，好像要采几朵洁白的浪花，送给远道而来的游人。这情景真令人陶醉啊！船在海里巡游着，在海面上划出一道长长的弧线。在海里游上一圈，什么烦恼都没有了。

黄昏，蓝紫色的晚霞给大海涂上了神秘的色彩。天色再暗一点儿的时候，夜行船上挂起了灯，漆黑的海面上，闪着点点灯光，灯光与天上的星光交相辉映，形成了大海特有的景观。海浪轻轻地拍打着海岸，仿佛与夜里的一切轻轻絮语。夜里的大海是如此的安详和宁静。晚上，我们住在海边的客房里，听海边的人讲大海的故事，特别是涨潮赶海的情景，听得我怦然心动。可惜第二天一早我们就要赶车返回家，好想多待几天啊。我对爸爸妈妈说："等咱们有了钱，就在海边买一处房子，住在海边永远不走了。"爸爸妈妈听了，笑着答应：

"好好好，就依你。天不早了，快点儿睡吧，明天还要赶路呢。"

我静下心来，倾听着大海的温柔絮语，慢慢地进入了甜甜的梦乡。第二天一早，我们坐上回家的汽车，我人虽然走了，但我的心，却被海拴住了，留在了海边，留在了船上，留在了大海的无边夜色中……

器官刑场历险记

赖锦程

深夜十点，四周一片静寂。我揉着酸涩的眼睛，勉强盯着电视看。难得爸妈不在家，我可不能错过这逍遥自在的看电视时光。

上下眼皮直打架，眼睛就快眯成一条缝了。我一甩头，又睁开干涩的眼睛瞟向电视机。看着看着，我终于撑不住，歪在沙发上睡着了。

不知什么时候，我发现自己身在一个刑场里面。审判台上，有双大眼睛的人威严地坐在那里，冷冰冰地注视着我。旁边有一大架子的刑具——冰冷的铁棍，又粗又长的绳索，泛着寒光的刀具，看得我心里直打战。

"知道自己犯什么罪了吗？"正当我忍不住瑟缩地要蹲下去时，台上那个大眼睛的人开口了。

"不……不知道。"我颤着嗓子回答，"我……我只记得……在家里看电视，怎么会在这里呀？"

"哼！因为有人投诉你虐待自己的器官，对他造成了严重的伤害，所以我现在对你进行审判，好决定对你的惩罚。"大眼睛审判长"啪"地一拍惊堂木，厉声喝道。

　　这时，我的双眼忽然不停地眨巴，流下一串串热泪，竟然开口说话了："审判长大人，请您救救我吧！我的主人一有空就看电视、玩手机，一连就是几个小时。即使我浑身布满血丝，身体干涩得发痛，他也毫不停歇，还用脏手揉擦我。不仅如此，他晚上还总是躲在被窝里打着手电筒看漫画。写作业时，鼻子都快碰到桌上了！因为这样，我的身体一日不如一日，远处的东西渐渐地像蒙上了一层纱，怎么也看不清楚，原本灵动的目光也变得越来越无神。这样下去……"眼睛再也说不下去，只是一个劲儿地流泪。

　　此时此刻，我只觉得脸上火辣辣的，眼睛火辣辣的，心，也火辣辣的。

　　"如此虐待自己的眼睛，实在罪大恶极！眼睛，你就此离开他吧，让他尝尝看不见的滋味！"大眼睛判官说完，命令一刀斧手即刻行刑，让眼睛与我脱离关系。

　　我顿时大惊失色，连声叫喊："救命啊，我以后再也不玩手机，不看电视了！饶了我吧！呜呜呜……"

　　"你在叫什么？还不起床！"我猛然被奶奶叫醒。原来这是梦呀！回想起梦中那恐怖的刑罚，我心里一阵后怕：以后再也不敢虐待眼睛了！

甜甜的同学情

金宇思

有一种东西，如空气般无形，如水一般珍贵，也如蜜糖一般甜，那就是浓浓的同学情。

那一天，我的脚在打篮球赛时扭了，豆大的汗珠从我额上渗出，脚上有我无法忍受的疼痛，我一下场，同学们便关切地问："金，你没事吧！"钟思源把我从地上扶起来，我的脚一用力就疼，她便扶着我坐下，好多同学问我要不要去医务室，这些话，这些动作，让我心中感到无比温暖。朱美霓的脚也不知为何痛起来，她一下场，没来得及坐下，就先问我的脚怎么样。

下课后，我们要回到教室，需要上楼梯，尹若辰和钟思源一人架着我的一只手，另一只手放在我的肩上，放慢速度，扶着我一步一步地向上走。

回到教室，我哭了，泪水中不仅仅是输掉比赛的伤心和比赛不公平的委屈，还有那一份深深的感动，王梦娇用手拍着我的背，安慰我。我没吃几口饭，去洗勺子时，感觉脚寸步难行，朱美霓及时出现，她看到我的脚走路那么困难，过来扶我，眼眶也再一次红了，泪水在眼眶里打转，她的泪水也深深地印在了我心中。

晚上躺在床上，脑海中闪现同学扶着我走的场景，眼前出现朱美霓那双含泪的眼睛，耳边响起同学们关切的问候，心里比吃了蜜糖还甜，比喝了热汤还暖。

同学情真的好甜，好甜……

可爱的"小莲藕"

孙思宇

"小莲藕"是我姑姑的女儿，今年一岁了，她有一个好听的名字：越儿。不过，我更爱叫她"小莲藕"。她长得实在有趣，圆滚滚的胳膊和腿，一坐下来，就往外挤出了一节节饱满的"莲藕"来，谁见了都想摸一摸，我更想咬上一口。

"小莲藕"路还走得不太稳，话也说得不太清楚，可就这样，你也别门缝里看人，小瞧了她。她可是个小机灵鬼哩！有一次她竟让我这个大表姐下不了台。

那天，妈妈带着我和妹妹到她家去玩儿。"小莲藕"一见我们，高兴得不得了，又是蹦又是跳啊！我和妹妹拉着她到楼上玩捉迷藏，她玩这个游戏最带劲啦！我让她和妹妹先躲。我刚刚闭上眼睛，就听见哗哗的水声，睁开眼一看，哦，"小莲藕"尿裤子啦！

再看看"小莲藕"，她像个身经百战的将军，不慌不忙地审视着"战况"——地上那一摊尿迹。接着，她甩开小腿，晃晃悠悠地向阳台上爬去。这是要干吗？我暗暗纳闷儿。到了门口，她踮起小脚，努力举起胳膊，想够着挂在门把旁衣钩上的尿布。嘿！还别说，扯了几

像泰山一样飞跃

下，尿布还真被她拽下来了。顿时，她脸上漾满了笑容，摇摇晃晃地"凯旋"。

"小莲藕"在我面前停住了脚步，高高扬起手中的"战利品"，冲我一笑，又指了指自己的裤裆，吱吱哇哇地冒出一连串"外语"。我恍然大悟：小机灵鬼一定是请我帮她兜兜尿湿的裤裆。可……可我哪会啊？我臊红了脸，不知如何对她解释。妹妹在一旁幸灾乐祸地说："你这个大表姐，笨蛋一个，哪里会收拾这个！""小莲藕"眨巴着眼睛，似乎不相信，又叽里咕噜地吐出了一些话，好像在问我："是真的吗？这么简单的事，你也不会？"这下，我真不知说什么好，吭哧了半天，也憋不出一个字。"小莲藕"好像明白了一切，转过脸，牵起妹妹的手，指了指楼梯口，就往下走，嘴里还嘟囔着："妈妈，妈妈——"妹妹一下子懂了，忙带着她去找姑姑。楼上只留下我这个堂堂的大表姐，不知该找个什么台阶下才好。

现在一提起这事，我还是只能干瞪眼，任凭妹妹笑话。"小莲藕"呀"小莲藕"，虽然这样，我还是非常爱你啊！

128

与咖啡的第一次邂逅

任津瑞

灯光昏暗的咖啡屋里，零零散散坐着各种各样的人。王菲、韩红、小野丽莎、南拳妈妈，各种各样的歌曲，偶尔也会放爱尔兰音乐。我像一只亢奋的猫弓着身子，不停地在大理石椅上蹭来蹭去，直

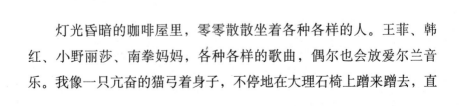

到听到"您的咖啡端上来了，请品尝"。

自从看了那篇《牙美加咖啡》，想品一杯咖啡的欲望渐渐从我心底滋生。咖啡的香醇与喝咖啡时说不出的悲伤也一点一点将我的思想侵占。如今，我如愿以偿。

服务生甜美的声音，好看的微笑，复古的衣着在我的眼中、心中及身体的每一个角落都不重要了。我只希望他把托盘里的咖啡交到我手中，好让我与咖啡来个亲密接触。

"喝咖啡就像品味一杯美酒一样，细细品味才能体会其精粹。先闻闻咖啡的原香，然后小啜一口试试原味，再依个人口味加入适量的糖，并用小汤匙搅拌，趁着搅拌的咖啡漩涡，缓缓加入奶，让油脂浮在咖啡上，从而使其蒸发奶香……"服务生没有走，而是在我耳旁喋喋不休那一套已经背得滚瓜烂熟的"新手指南"。

端上来的是一杯浓缩咖啡，被服务生称之为"咖啡的灵魂，是咖啡精华最集中的体现"。经我手忙脚乱一番折腾，咖啡面目全非。

129

我闭上眼睛，深深吸了一口气，那是一股古老陈旧的气息，我仿佛是在进行一场与咖啡的持久战。沉厚的硝烟在弥漫，场面在扩大，在扬尘，在封闭，在凝固。

而后，我真的就啜了那么一小口，品味，经过我脑部所有脑细胞一致观察、讨论，最终得出结论：苦。

我有些厌恶地把咖啡推给妈妈，心中的期待像泄了气的皮球一样撒了气。眯起眼睛，开始欣赏起这家店来。

主格调是暗灰色调的，墙上挂着世界名画，有一些地方，贴满了来这里的客人的照片及留言，配上舒缓忧伤的小曲，别有一番情调。光是在这里坐上一天就心满意足了。

夕阳斜下，欢乐够了的我和妈妈，溜达着回到家中。我在这小小薄薄的稿纸上，记录下我和咖啡的第一次邂逅。

莲

陈鸿淇

这些天来，雨不知疲倦地下着，不紧不慢地击打着大地，击打着池塘上那一朵朵莲……

记得几年前，也是莲的季节，那天，雨无休止地下起来。我生病了，躺在床上不住地呻吟。母亲焦虑不安地守在床头。我睁开眼，只见母亲眼神中流露出深深的关切，脸上也多了几道深深的沟。忽然她咳了几下，我听出那异样的声音，显然母亲也感冒了。我劝她休息，而母亲坐立不安，提出要去买药。

我往窗口望去，白茫茫的一片，只见一朵莲花在雨中摇曳。雨点打破了池塘的宁静，发出了"嘈嘈切切错杂弹，大珠小珠落玉盘"之声，不久雷声如千军万马在奔腾，给大雨助势。正待我回头之时，母亲已出门了。

我从床上爬起，倚窗望外。忽然，一个影子映入我的眼帘。是母亲！弱不禁风的母亲呀！雨点猛烈地摧打着大地，声如霹雳，雷声轰轰如军马袭来，烈烈似战车驱动，然而却阻挡不了母亲的步伐。我凝望着母亲那轻盈的脚步一点一点离去，就像美妙的音符渐渐散落于四处，很快就要消失了。我张大嘴巴想要喊住母亲，却不能！母亲终究是走了。而她的背影却留在我的心湖中，裹着焦急和关切，渐渐地，这背影变得轻飘飘，变得模糊了，直至消失……

突然，我看到什么在我眼角下飘动。是莲花，它已被雨击打得快撑不住了。霎时，一片莲叶挪来，盖住了莲花，独自承受雨点的攻击，将莲花紧紧地护在下面。我似乎又看到了母亲的背影，淡淡的，轻轻的，充满了焦急与关切。不知不觉我的眼里淌出了泪……

雨过天晴，一束阳光将我拉回现实。我推了推眼镜，看见池塘里的莲花依然亭亭玉立。我忽然想起"莲心"即"连心"。母亲，您是莲叶，我是莲花，心中的雨点儿来了，除了你，还有谁是为我遮挡天空的庇护伞？呵，母爱如莲绽放，清香四溢，圆了我一个又一个翠绿的梦。

漫步在傍晚的秋风里

池 韫

漫步在傍晚的春风里，是温暖的；漫步在傍晚的夏风里，是火辣的；漫步在傍晚的冬风中，是冷酷的；而漫步在傍晚的秋风里，则是别有一番滋味。

漫步在傍晚的秋风里，看到的与平常不太一样。地上是已经枯黄了的草儿；旁边高大的树木虽然树叶几乎已经落光了，但它仍直挺挺地立在那儿，像个忠实的哨兵。仰望天空，不再像从前那样湛蓝，而是蒙上一层灰色的纱底，给秋天的景色平添了几分凄凉。

漫步在傍晚的秋风里，听到的与平时不一样。只听风吹过树叶，

"沙沙——"秋风演奏着一首首凄凉的小曲儿，远处还有些不知名的鸟儿正在伴奏呢！

漫步在傍晚的秋风里，闻到的是爱的气息。一朵朵枯黄的花儿从树上凋零，落在地上，还残留着淡淡的余香，不一会儿便与泥土融为一体了。这使我想到了一句诗："落红不是无情物，化作春泥更护花。"果然，这些花儿为了养育下一代而舍弃了自己的生命。这就是爱的气息吧！

漫步在傍晚的秋风里，闭上眼轻轻听着、闻着。这秋天的一股股凄凉，一股股忧伤，慢慢地流进我的眼睛，慢慢地流入我的心中，慢慢地，我懂得了什么是秋天的滋味……

与火山近距离接触

凌青云

我们旅游团的一行人站在一座悬索桥上——最佳观看点，等待着远处的火山爆发。导游说夏威夷经常性的火山爆发也是一大壮丽景观。

只见正前方不远处的云雾中高耸着一座山峦，山顶的火山口一直冒着黑烟，不时地炸出一些"火花"，好像有气无力的样子。旁边有几座小山包，导游说那是火山熔岩形成的，真是罕见。

突然，悬索桥在晃动，我以为是弟弟在搞鬼，但是又觉得不像，他那么小的孩子，怎么有这么大的力气呢！总觉得有一股异常的力量从地底下往上蹿。大家都在猜测："是不是要地震了？""是不是海啸来了？"有经验的导游提醒我们："好像是火山要爆发了！"

虽然有了心理准备，但是有人一听，脸色煞白，转头就跑，一直跑到旅游车上。我一听，很兴奋，还好奇地一直往前伸脑袋。

"轰"的一声巨响，火山口的岩浆四射，掀起了几十米高的巨浪，直冲云霄。岩浆像火星般洒落下来，非常壮观。大量的岩浆瞬间把它周边的"小山包"吞没了，形成了一个硕大的"火山漩涡"。悬索桥晃得很厉害，又有人吓得跑离了"最佳点"。

在几秒的时间里，"火山漩涡"向桥底冲过来，越过河床，向对面的山坡撞去，然后，打了一个高高的回旋。啊，好险！"浪头"差点儿打到桥上。不过，悬索桥的绳索被烤黑了，又有人吓得抱头鼠窜到岸边。

这时，置身于"火海中"的我感到浑身发热，大汗淋漓，就像在蒸桑拿。骨头都被烤软了，站不稳。弟弟东倒西歪的，舅舅紧紧地拽着他，怕他碰到悬索桥发烫的钢丝。

这时才发现桥上只剩下我们三个人了。导游和游客们在岸边不停地叫唤我们。不时有火星从我们头上落下来，桥身已经裂开了一道大口子。这下，我害怕了，慌张了。舅舅带领着我和弟弟像乌龟一样趴在桥面上匍匐前进，艰难地逃离大桥……

这是我第一次和火山近距离接触！它给我留下的不仅是壮丽无比，还有惊险与后怕！

133

偷　酒　喝

陈家豪

　　星期日的中午，爷爷独自坐在院里大树下的小圆桌边喝酒。他正往高脚杯里倒酒，由于倒得太猛，酒从杯子里溢了出来。爷爷弯下腰把嘴贴在桌上，"吱"的一声，把桌面上的酒吸进了肚子里，还咂着嘴美滋滋地说："好香的酒！"

　　我在屋里看见爷爷那陶醉的样子，心想酒一定比牛奶还香，比汉堡包更好吃。我以前曾问过爷爷："酒真的好喝吗？"爷爷不住地点头说道："那还用说，酒是天河的水，喝了长智慧。古代有个大诗人李白，喝一斗酒就能作一百首诗了……"那时候我就觉得酒太神奇了，真想亲口尝一尝。

　　爷爷站起身，进厨房端下酒菜去了。我趁机一个箭步冲到院中的小圆桌旁，端起酒杯，一仰脖，迅速把一小杯酒灌下肚。天啊，辣死我啦！一点儿也品不出爷爷说的那种美味。这时，爷爷端着一盘花生米出来了，他夹了一粒放进嘴里，拿起酒杯，发现杯中空了，便拍了下自己的后脑勺说："自己喝光了还不知道，真是老糊涂了。"我听了差点儿笑出来，但怕被爷爷发现，所以没敢笑出声来。

　　爷爷满满地再倒了一杯，喝了几小口后，又进了厨房。强烈的好奇心驱使我再次跑到桌边，这次，我索性拿起酒瓶，硬着头皮咕咚咕咚地连喝了好几口，但还是没能尝到像爷爷所说的那种滋味，反而觉得有点儿涩了。

　　慢慢地，我感觉全身热乎乎的，脸颊烫得像被火烧着了。咦，怎么啦？怎么啦？桌上的东西在摇晃呢。抬起头一看，不好啦，房子也在转呢，不会是地震了吧？这时，爷爷又出来了，他看到我这个样子，"嘿嘿"笑着，拍着我的肩膀说："小馋猫，是不是偷喝了我的酒？这不是给小孩子喝的。看，晕了吧？一定是醉了！"说完，抱起我往屋里走，我很想告诉爷爷我没醉，可就是没力气。话也说不出来了，渐渐地便什么也不知道了……

像泰山一样飞跃

照片里的全家福

　　我太害怕小宝宝的光临，所以听到妈妈要去照相留纪念，心里一万个不愿意。我想：妈妈怀我的时候怎么没有拍照留纪念呢？我到底是不是爸爸妈妈亲生的？

一次家庭"智力测验"

徐雨静

生活多姿多彩，滋味酸甜苦辣。我们的家庭中，时时上演着各种各样的故事，让我们抓住精彩的、感动的、甜蜜的、心酸的故事，记下来，回味其中爱的滋味，记录自己成长的脚印。你看这小小的一碗面里，藏着孩子鬼机灵的智慧；干了家务，做了作业，还被误解，被严厉批评，心中该有多委屈！而闲下来时和爸爸妈妈一起下下棋、聊聊天，该是多美的事！

还记得那次家庭聚会。

正值傍晚时分，厨房里传来了锅碗瓢盆交响曲。听到这声音，我条件反射地感到肚子饿了。这时，正好奶奶叫我们去厨房端面，真巧啊。

哥哥、妹妹和我立马奔向厨房，一阵饭香扑鼻而来。进入厨房一瞄，这面盛得真够水平！面汤几乎溢出，怎么端呀？我正想着，奶奶发话了："一人一碗，谁的汤没有溢出，就算谁赢。"

呵呵，这不是智力测验嘛，这可是我的拿手好戏。比这个，他们准是我的手下败将，以前哪次不是这样？我心里想着，眼睛却紧盯着哥哥。只见他眼珠一转，计上心来。他拿来个干净的盘子，把碗往盘子里一放，端起盘子快步走到饭桌前，然后把溢到盘子里的汤倒进碗里。看着满满的一碗汤面，他得意地笑了。阿姨看见了，满意地点点头。我却忍不住嘟囔一句："不行不行，汤还不是溢出来了吗？弄得盘子油乎乎的，还得多洗一个盘子，太差劲了！"哥哥听了，毫不客气地回敬我："那倒要看看你的高招了！"妹妹接话道："先看我的吧！"她一只手拿起一双筷子，将一撮面高高挑起，然后另一只手端起碗，飞快地跑到饭桌前，汤一点儿也没有洒出来。屋子里顿时响起了一阵掌声，我心里也暗暗叫道："好办法！"但嘴里却不饶人："像这样端，面都凉了，再说还不是使用了工具？"

轮到我上场了。见没人捧场，我只好自我鼓励："好好看着，这才叫真功夫呢，你们不拍手叫绝才怪！"爸爸开口了："赶快行动，我们倒要看看你的葫芦里卖的是什么药！"我一抬头，发现好几双眼睛都盯着我。好吧，光说不行，看来我得拿出点儿真本事了！来不及多想，我一步上前，一口气把汤喝了一大半，嘴里还连连称赞："味道好极了！"然后从容不迫地端起碗踱步到桌边，坐下来悠然自得地吃起面来。

我滑稽的神情与动作，惹得全家人哄堂大笑。奶奶笑呵呵地说："这孩子，鬼点子就是多。这办法好，省事，方便！"妹妹可不服气了："只不过是投机取巧罢了，不算高明。"我得胜不饶人，大声喊开了："这可不是投机取巧，只不过让一部分汤先进肚子罢了。反正早晚都要进肚子的嘛！"全家又是一阵开心的笑声。

智力测验在一片欢笑中结束，但这份温馨与快乐却久久地弥漫在我们每一个人的心中。

调色盘妈妈

雷嘉禾

你听说过调色盘妈妈吗？想知道调色盘妈妈是什么样子的吗？快来读读下面这篇可爱的作文吧！

妈妈有一个神奇的调色盘，她用这个调色盘把自己调得五彩斑斓。妈妈身材匀称，体态优美，有种华贵的气质。那是因为，她用这个神奇的调色盘调美了自己秀美恬静的鸭蛋脸，调红了自己能说会唱的小嘴，调圆了自己圆溜溜的酒窝，调细了自己长长的弯月眉，调亮了自己有神的大眼睛，当然，也调银了自己的几根黑发。

妈妈有时把自己调成金色。一次，我上午刚上完一个小时的钢琴课，全身困乏，吃过饭后就开始午睡了。因为我很累，上床没多会儿就睡着了。酣睡了一下午，离开又香又甜的梦乡，我舒舒服服地醒了。正在看书的妈妈听见声响，立刻站了起来，先走到床头柜前把电话线插入电话机，然后又从包里拿出手机，摁了几个键后放在桌子上。我一脸疑惑地望着妈妈："妈妈，你在干什么？"妈妈读出了我脸上的不解，笑着说："我怕你睡觉时有电话来，所以把电话线拔了；又怕你被手机铃声吵醒，所以就关机了。你睡得好香，妈妈怕你被吵醒，睡觉自然醒才舒服嘛，好了，现在快起床吧。"妈妈的这番话说得轻描淡写，但让我感觉到，站在我面前的分明是一个金色的天使。

妈妈有时会把自己调得花花绿绿的。平时因为我的头发是油性的，极易产生头皮屑，所以洗发液一定要选好。妈妈为此已买了六七种洗发液，想从中挑选出最适合我的：它们有的是去屑的，有的是无泪配方的，有的是中草药原料的……洗发液的颜色更是五颜六色：白色的、透明的、金黄色的……然而，我知道，无论这洗发液是什么颜色，都是一种彩色的母爱。

啊，妈妈的调色盘，你调出了家的喜怒哀乐，调出了我被母爱包围的幸福童年。

爷爷爱夹菜

梁　欣

141

记得我还很小的时候，由于爸爸妈妈工作忙，上初中的哥哥便带着上幼儿园的我步行到爷爷奶奶家去吃饭。奶奶会做一手好菜，每天的花样都不同。因为我喜欢吃咸的，哥哥喜欢吃辣的，爷爷奶奶喜欢吃清淡的，所以奶奶会做各种不同的菜式。爷爷呢，特别喜欢给我们夹菜，他往往在喝着汤水的时候，把里面的肉夹出来，蘸点儿酱油放到我碗里。这时我会甜甜地说："谢谢爷爷！"爷爷笑得合不拢嘴。同样，他会夹起另一块肉在辣椒酱中点一点，放到哥哥的碗里，哥哥总是害羞地笑笑。

可是后来啊，我开始嫌弃爷爷给我夹菜了，我觉得这样不卫生。

哥哥已经上大学了，我只能一个人去爷爷奶奶家吃饭。爷爷再给我夹菜，我就马上把它夹出来放到奶奶的碗里。每当这时，爷爷都是愣一下，但没再说什么。慢慢地，爷爷不再给我夹菜了。

那年暑假，爷爷病倒了，住进了医院，哥哥整天在医院照顾他。一天，哥哥跟我说，每次喂爷爷吃饭时，他总是指着碗里的鱼肉啊鸡肉啊，说要留给我。哥哥只好劝他说家里还有，他才把肉吃下。哥哥还跟我说，爷爷最近有点儿神志不清，一直喃喃地叫我的小名。哥哥问我要不要去看看他，我点了点头。

我们来到医院。我看着满头白发而且消瘦了不少的爷爷躺在病床上，看着他那深深凹进去的双眼，心里充满了无限的内疚。哥哥把我拉到床头，跟我说了很多以前我不知道的事。比如爷爷知道我有看报纸的习惯，便一大早骑车去买报纸。有一次下大雨，经常去的那家小书店没开门，爷爷只好跑了很远的路给我买报纸，还不小心在路上摔了一跤，浑身都淋湿了，报纸却完好无损。还有我上次发烧，赶上爸爸出差，妈妈加班，爷爷在黑夜中跑遍附近的大街小巷给我买退烧药。还有……还有很多很多。我听着哥哥讲的一件件往事，泪流满面。

爷爷的病慢慢地好了，我们便把他接回了家。吃饭时，爷爷突然把自己碗里的肉夹给我。我呆了一下，便迅速把肉夹起来放进嘴里吃了，这是世界上最好吃的肉！我看着爷爷，他似乎好久没笑得那么开心了。

只要爱还在，其他的算什么呢！

爸爸的爱

李　飒

我八岁那年，父母离异了。

爸爸带着我在家度过了一个多雨的秋天。那个秋天，爸爸很少笑，可是他却用那双粗大而略显笨拙的手无数次为我梳头，扎辫子，有时还在我头上插上一朵小红花。那个秋天，爸爸戒了烟，有时晚上喝点酒。喝酒时，总是叫我坐在他面前，把几粒花生米放到我的小手里。那个秋天，路上老是积满雨水，爸爸常常背着我上学，下学。

后来，爸爸独自一人去了很远的地方。我不知他走时心里有多苦，多凄凉，更不知他撇下多少对孩子的爱，对奶奶的孝和对家的深深的眷恋。从那时起，"爸爸"对于我来说便成了一个遥远而又美好的名词。

四年后，爸爸回来了，我终于又感受到了久违的父爱。

爸爸回来那天，是一个风和日丽的上午，那天的风儿是那么的舒爽，院里的花儿开得是那么的美，它们是在为爸爸的归来而兴高采烈吗？是在向我送来祝福吗？早就听奶奶说，爸爸过几天要回来，我的心里就一直在盼望着，盼望着……总感觉时间过得好慢，好不容易熬到了那一天，我又有了一丝莫名的紧张：是怕见到爸爸时激动得语无伦次？还是怕见到爸爸时会抑制不住地哭起来？毕竟四年没见爸爸了，谁能承受得起四年相思之苦之重啊？谁能承受得起四年一次相见之喜之乐呢？

尽管我设想了很多见到爸爸时的场景，尽管我自认为做好了充分的心理准备，但一见到爸爸，我还是抑制不住感情的迸发，一下子扑到了爸爸的身上。积聚四年的思念之情随着肆虐的眼泪如山洪一样倾泻而下，我放声大哭起来！爸爸一边抱着我一边安慰我："不哭，乖，不哭……"而他自己的眼眶里却也蓄满了泪花。父爱如山啊，但他隐忍着积压已久的情感不让它迸发出来。

终于，我止住了哭声。可近距离地打量爸爸时，我又是一阵心酸，又想哭了——这还是以前那个帅气的老爸吗？四年之间，爸爸变得一脸沧桑、一身疲惫，爸老了！爸，你心里有多苦？你身体有多累？女儿虽不在你身边，也能切肤地体会得到啊。爸，你辛苦了！

村落静下来了，家家户户亮起了灯，快乐一天的我，枕着父女相见的温暖，早早地沉入了梦乡。不知过了多久，我醒了，客厅里亮着灯，里边隐约传来了爸爸和奶奶的说话声。我下床一看，奶奶坐在沙发上，爸爸就坐在奶奶对面，眼圈红红的，时不时擦着泪水。

"四年了，我欠孩子太多了，只知道多挣钱，把最好的给孩子，却忽略了多陪伴她……"爸爸说。

"你别自责了，一个人在外打拼够苦了，不就是想多挣钱，让孩子有个好前程吗？"奶奶安慰他说，"孩子大了，能理解你。"

客厅里，爸爸和奶奶的对话还在继续，我趴在被窝里早已泣不成声……

我跟妈妈送快递

李幸绮

妈妈是个农民，为了能让我们姊妹三个生活得好一些，为了撑起这个家，妈妈从没有清闲过，农忙时在家务农，农闲时便在县城打零工补贴家用。今年秋收之后，妈妈找到了一份送快递的工作。开始，我不太同意，因为这份工作非常辛苦，需要从早到晚一直开着电动三轮车在整个县城跑个不停，还要一个接一个地打电话，不管是刮风还是下雨都得把接到的包裹一个不落地送出去。如果包裹送丢了，被老板批评不说，赔偿货物的钱是一定要自己出的。妈妈却说："送快递挺好的，既能够赚到钱，又能帮助别人，给别人带来方便啊！"我的脸顿时红了，我被妈妈的话深深地感动了。

记得那是深秋的一个周末，我决定同妈妈一起送快递。天公不作美，瑟瑟秋风中夹杂着蒙蒙细雨，一直下个不停，真是天凉好个秋啊。我们娘俩草草地吃了点早饭，一人穿 件塑料雨衣就出发了。冷，刚出家门，我不由得打了个寒战。到了快递公司，我们装了满满一车包裹，妈妈有些小兴奋，说："这一车能挣五十块钱呢。"我听了，心里有些苦涩，冒着雨，送这么多包裹，少说也得大半天，妈妈真容易满足啊。

风仍在刮着，而且愈刮愈大；雨还在下着，而且愈来愈密。风掀开我的塑料雨衣的领帽，直往我脖子里钻，凉到骨子里。雨飘洒在脸上、手上，有些隐隐作痛。我们每送一个包裹都要开着三轮车跑很远的路。每次把包裹送到顾客手中，妈妈都会微笑着说："您好，这是您的快递，请您在这个地方签收一下。"她在家语气从未这么委婉过。我心生一种莫名的不快，因为这份工作，她要不断地给他人赔笑脸。

下午一点多了，我饥饿难耐。妈妈说："我们再送一个就去买烧饼吃。"说完，她用几乎要冻僵了的手，从上衣口袋里哆哆嗦嗦地掏出老式手机，在衣服上蹭了蹭，僵硬的指头一下一下地点击着手机键盘，联系上了吃饭前的最后一位客户。那个人让我们在一个没有任何遮挡风雨设施的地方等他。等了好久，他才打着伞，慢悠悠地走出来。拿到包裹后，他阴沉着脸问："这个箱子为什么烂了？"妈妈说："这些东西都是从店里拉的，运来的时候就是这样。"那个人特别不讲理地说："你们这些人怎么这么不负责，都是干什么吃的！"妈妈没有再做解释，只是说："对不起，是我们的错。下次一定注意。"我当时真是气不打一处来，真想质问那个高傲的家伙：你凭什么要这样对待我的妈妈？！妈妈不停地说着道歉的话，我不停地抹着眼泪。最后，那个人骂骂咧咧地扬长而去，我已经在啜泣了。妈妈强装笑颜，对我说："我们是为别人服务的，不应该与他们大吵大闹。看你那出息！别哭了，我们去吃点儿东西吧。"

在小吃摊旁，我发现妈妈嘴上起泡了。接过妈妈递给我的烧饼的瞬间，我碰到了妈妈的手，那是一双粗糙、僵硬而冰凉的手！就是这双手，养育了我们三个孩子，撑起了我们的家。

我的"奇葩"妈妈

姜 瑞

我的老妈是个"80后",做起事来真有点儿不靠谱。跟一般的妈妈比起来,她可以算得上一枚奇葩。

小时候,老妈因为工作关系,把我放在乡下爷爷家读幼儿园。爷爷读的是圣贤书,一直教育我要做一个谦谦君子,要懂得谦让。在幼儿园,有个叫小虎的孩子老是欺负我,我只得向老师求救。可每次他被老师批评了之后,就会变本加厉地欺负我,我都有点儿怕上幼儿园了。老妈知道了这件事后,给我支了个招儿。听了她的招数,我惊讶得合不拢嘴——这能行吗?这跟爷爷平常教我的完全不一样啊!到了星期一,小虎又欺负我了。我趁老师不注意,把他按倒在地,用手挠他的胳肢窝。他痒得哈哈大笑,一边笑一边向我求饶:"姜瑞,放了我吧,哈哈哈……求求你了,太痒了,哈哈哈……"打那以后,他只要敢欺负我,我就做出呵痒的动作,他一见就落荒而逃。老妈教我的方法虽然奇葩,但还真管用!

我老妈的奇葩事可不止这么一件,你要是接着听,准保吃惊得合不上嘴。

你们知道吗?老妈会帮着我一起"吹牛"呢!四年级的时候,周老师问班里的同学:"你们有谁在家天天写日记的,可以参加《快乐日记》杂志社举办的'坚持之星'评选活动，可以得到小礼物哦！"就冲着这小礼物，我举起了手。其实，我哪有天天写日记，只是偶尔才写几篇。报名之后，老师专门打电话给老妈，让她把我的日记用电脑打出来。老妈居然没有揭发我，反而还帮我圆谎："是的，姜瑞是每天写的……"事后，老妈一本正经地对我说："你以后必须坚持写日记，要不然，老师就知道我在撒谎了，那多不好啊！"就这样，我开始了写日记的生涯。

当我坚持写日记之后，老妈还当着我的面对别人"吹牛"："我儿子每天都写日记，写得还挺好的……"我看别人的妈妈都很谦虚，总说自己孩子这不好那不好，可我妈却是拿着放大镜在我身上找优点，再把找到的优点晒给别人看。虽说我挺不好意思的，但心里还是美滋滋的。就冲老妈吹下的牛，我一直在努力。如今，我已经坚持写了一年的日记了，作文水平有所提高，也在杂志上发表了不少文章。我想，我应该已经达到老妈"吹"出来的水平了吧？

这就是我的奇葩老妈。现在，我似乎懂得了她"奇葩"背后的深切用意……

我 的 外 公

王子方

一天，我听到妈妈在和外公通电话："过几天就到你的生日了，正好是个周末，我飞回去看你们啊！""不用啊，机票这么贵，

你不用老是跑。我和你妈在家挺好的，你不用老挂念。你们都挺好的？""嗯，挺好的。最近……"似乎从八岁那年开始，我们跟外公外婆的交流就多是在电话线的两端了。

在我很小的时候，外公外婆一直在我们家照顾我。外公是个急脾气，却是典型的"刀子嘴豆腐心"。小的时候我经常受到外公严厉的批评，却依然觉得外公是最亲近的人。

外公很喜欢帮助人。原来住的院子里有一个自行车棚，因为车子太多，所以有许多自行车就停放在车棚外面。每到刮风下雨，外公都会拿塑料布把外面的车子盖上。因为外公的善良，认识他的人对他都很尊敬。

外公是个知恩图报的人。小时候，我顺路搭邻居的车去上学，外公很感激。一次下雪后，外公拿了一个大桶、一条长毛巾到楼下去给邻居擦车，我好奇地跟过去帮忙。外公一边扫雪一边跟我说："人家帮了咱们这么大的忙，咱们也得知恩图报。"

平时没事的时候，外公还喜欢买报纸看。外公看报特别认真，就像他每天都起得很早去锻炼身体一样认真。外公时常把认为重要的部分摘抄下来。有时候遇到一些养生问题，像什么食物多吃有益，什么食物忌搭配什么食物一起吃，等等，外公会复印几份送给亲戚朋友，提醒他们。

我本以为，他会一直跟我们在一起，有一天外公突然问我："如果有一天，外公回老家了，你会不会想外公啊？"我从未想过这样的问题，一下子被问住了，就哭起来，说："外公不要走。"

终于有一天晚上，外公开始收拾行李，他似乎把自己的一切都带上了，装了好几个箱子。不是只是回老家看看吗，为什么要带这么多东西？

外公外婆的老家在乡下。那次回去是过年，外公特地买了两个红色的大灯笼挂在门前。透过薄薄的红纸，灯光洒下一地的红晕，为这个年添了一些喜气。

虽然换了地方过年，可依旧是那些人，所以依旧幸福洋溢。我们吃了塞进了新硬币、糖、枣、花生的饺子，还做了"老鼠"灯迎十五，放了鞭炮。到了该走的时候，仅仅是我们一家三口上路了，外公外婆却留了下来。

车越开越远，门前，外公一直站在那里，朝我们挥着手。这么多年和外公外婆住在一起，我早已习惯了外公的热心，习惯了他的善良，习惯了他的坚强，也习惯了他渐渐花白的头发。他这么突然离去，我心里一下子空落落的，特别难受。

后来，我也曾多次回去看望外公。外公知道我们来，一开始总是每次都站在路口等我们，而现在，他常常躺在床上，等我们进了门才欢喜地下床来迎接我们。外公老了！看着外公一年年衰老的身体，我心里漾起一阵阵酸楚。

再后来，我们又搬家来到了云南边陲，能回去的机会更是寥寥无几了。我多么想回到小时候，再去跟外公扫雪，再去跟外公送资料，再去给外公买报纸啊！

外公，我们不能时时相见，但我一直思念着您，祝您老永远健康、开心！

照片里的全家福

喻缤华

这是一张三年前的照片。照片里看上去只有三个人，其实，一共有四个人——那时候的妈妈已经大腹便便，她的肚子里"住"着的，就是我的妹妹。

我记得，那是一个阳光明媚的早上。妈妈突然兴致大发，拉着我和爸爸要去照相，说要留纪念。我一听，非常不高兴，因为自从妈妈怀孕后，她的眼里好像只有肚子里的小宝宝。我一直担心，有了小宝宝之后，我就没有原来那么受宠了。爸爸妈妈肯定会把小宝宝视作掌上明珠，以后不管有什么事情，爸爸妈妈会以宝宝还小为理由袒护她，我肯定会受很多委屈。那段时间，我每天都在想这件事，上课老是分心。我太害怕小宝宝的光临，所以听到妈妈要去照相留纪念，心里一万个不愿意。我想：妈妈怀我的时候怎么没有拍照留纪念呢？我到底是不是爸爸妈妈亲生的？

爸爸好像发现了我的不高兴，过来拉着我说："大宝贝，以后你就是姐姐了，你开心吗？"

我不吭声。爸爸又说，"恭喜你，要升级了，以后成长的路上有个伴多好啊。"在这些花言巧语的打动下，我还是和爸爸妈妈一起去了照相馆，照了这张非常有意义的"全家福"照片。

如今的我，看着这张照片，心里却多了一分欣慰——要不是爸爸当初劝我去照相，今天的我一定会非常后悔。当时妈妈肚子里的妹妹如今已经三岁了，这三年，她陪着我一起玩，使我不再孤单。等她长大了，我们可以一起帮妈妈做家务。我们不管谁遇到困难，都有人帮助。等爸爸妈妈老了，我们还可以一起照顾他们。嗯，这种感觉还真不错！

我时常拿着这张照片，给妹妹讲妈妈怀她的时候有多辛苦。我还告诉她，那天拍照的时候，她一直在妈妈肚子里动来动去，摄影师叔叔吓得都不敢拍了，中途还休息了一会儿。我和爸爸对着妈妈的肚子给妹妹说话，不知道妹妹是不是听见了，一会儿就安静了下来。全靠她的配合，才有了今天这张全家福呀！

152

妹妹真有趣

张昊天

我有一个妹妹。她四个月大，头发长得不错，有一双水灵灵的大眼睛，挺拔的鼻梁，小巧玲珑的小鼻子下面配着一张樱桃小嘴。正是她，使我的生活变得多姿多彩，经历了"酸甜苦辣"。不信，就听听我的经历吧！

酸

我十分高兴，因为我终于当哥哥了！正像鲁迅先生说的那样：时间犹如海绵里的水，挤一挤，总是会有的。放学后，我不一会儿就完成了作业，着急地去抱妹妹。没想到妹妹不仅不让我抱，还瞪了我一眼，发出长长的"啊"，然后，就去让爸爸抱。看着妹妹，我心里痒痒的，口里都要流酸水了！

甜

有一次，妈妈要洗澡，让妹妹自己玩。妈妈刚开始洗澡，妹妹就大哭起来，那哭声震耳欲聋，整个楼层都被震得发抖。我赶紧跑到她跟前，做出各种滑稽搞笑的动作，还把玩具拿在手里逗她，只听一阵"咯咯"声，妹妹终于破涕为笑。看着妹妹的笑脸，我心里甜滋滋的。

153

苦

自从有了妹妹以后，我干什么事都不安宁。比如，我正在写作业，妈妈就喊"昊天，拿个尿布"；我在弹琴，又听见妈妈喊"张昊天，拿一下水杯"。而且，妹妹还会搞破坏，把我的作文指导报撕烂，在我的床上"随地小便"……唉，真拿她没办法。

辣

有一回，妈妈去洗漱，让我看着妹妹。我就趴在床上和妹妹玩，玩了一会儿，妹妹烦了，大哭起来。妈妈急忙跑过来，一边哄妹妹一边说："你又惹妹妹了，对吧？"我听后急忙说："我没惹她，是她不想玩了！"妈妈哼了一声，就抱着妹妹离开了。看着她们的背影，我心里像吃了辣椒似的。

怎么样，我的妹妹有趣吧？她使我的生活变得多姿多彩。我爱我的妹妹。

球迷老爸

王　珂

咚！咚！咚！听这声音就知道肯定是我家的沙发遭殃了，看来又是爸爸在干"好事"了。唉！可怜的沙发啊！

我的爸爸是个足球迷，只要电视上有球赛的直播，他绝对不会放过任何一场。每次看球赛的时候，如果是他支持的那一队进球了，他肯定会像个小孩子似的兴奋地在沙发上又滚又跳，还会大叫几声"好"！可要是对方球员进球了，老爸就会拿沙发出气，用力地在上面猛捶几下，随后就会传来一声"臭球"，以此来解气！一天下来，我家的沙发可就"伤痕累累"了。

爸爸看球赛更是不分昼夜。一天夜里，很晚了还播球赛，我这位球迷爸爸依然忠实地守候在电视机前兴奋着，那嘈杂的声音吵得我跟妈妈怎么也睡不着。妈妈忍无可忍地冲到客厅，大声地对爸爸喊道："你有完没完，还让不让我们母女俩睡觉啦！"可爸爸似乎并没有听到妈妈的"咆哮"，而是双眼继续直勾勾地盯着电视，嘴里还不住地喊着："好，快，射门！"看到爸爸对自己熟视无睹，妈妈一气之下把家里的电源切断，然后气呼呼地走进了卧室。沉迷于球赛的爸爸以为停电了，只好失落地躺上床，自言自语地说道："怎么在这么精彩的时候停电了呢？太可恶了！"随着爸爸的入睡，我们的耳根终于清净了。

爸爸对足球的痴迷并不仅仅表现在观看上，他更是心动不如行动！这不，星期天的早晨，爸爸得知没有球赛可看，就想趁这个时间约上几个好朋友出去练练球技，打算有机会的时候也去参加比赛。打完电话他便匆匆忙忙地带上足球跑到足球场上去了。平时的球赛真的没白看，这场比赛爸爸连连进球，赢得了朋友们对他的称赞，爸爸可高兴了呢！

你们说，我爸爸是不是一个不折不扣的球迷？

外婆种菜"三字经"

曾蓉蓉

冬春之交，外婆的菜园里生机勃勃，一片丰收景象：白菜像打包的棉花坨，依偎在大地的怀抱里；莴笋像一个个挺立的卫兵，等待人们去检阅；萝卜悄悄地探出头来，渴望主人去抚摸；大葱披着一头散发，等待人们去梳理……噢，外婆的菜怎么种得这么好呢？外婆笑着对我说："你哪里知道，我种菜也有'三字经'哩！"

一、勤

外婆常说："小菜小勤快。"种菜离不开"勤快"二字。无论是骄阳似火的夏日，还是寒风凛冽的冬天，在菜园里都能看到外婆劳动的身影。从播种到锄草到施肥，再到收获，外婆总是忙个不停。外婆常说："菜，三分在种，七分在管。"管理菜园需要相当多的时间的。特别是施肥，三天一小浇，七天一大浇，才能保丰收。外婆一年莴笋至少换种六次，白菜至少换种四次。品种分别采用五十天、八十天、一百天、一百二十天生长期的，一轮接一轮，土也闲不住，人就更闲不住了。外婆就是这样每天不停地在耕耘，在劳作，用一双勤劳的手把小菜园打理得生机盎然。

二、密

外婆只有两块一丈见方的土地，我常在想：外婆家只有那么一点儿土，怎么收获了那么多菜呢？我不解地去问外婆，外婆说："蔬菜蔬菜，多收密栽。想要多收蔬菜，就得合理密植，在有限的土地上适当缩小作物行距和株距，能够增加播种量，还能充分利用空间、阳光和肥料。""哦，原来是这样。"我点点头。从我懂事开始，就观察外婆种菜，她把田地分成了好几片，土与菜亲密无间，收完这又种那，一拨接一拨，没有间断。果然，人家的菜早吃光了，可外婆的菜一拨吃完了，另一边的菜也成熟了。

三、肥

要想种好菜，没有肥是不行的。"生口的要吃，生根的要肥。"

这句话是外婆的口头禅。外婆种菜用的都是有机肥，如人类粪便、鸡屎、山灰等。种菜前，外婆先施足底肥，把土挖好之后，将底肥放进凼里面。然后根据需要及时追肥。生长时，一发现菜苗黄了就加紧施肥。施肥时，将粪便、鸡屎搭配，绝不盲目地施一种肥，根据生长情况轮番施肥。由于外婆种菜不使用化肥、不喷洒农药，是地地道道的绿色食品，吃起来又香又甜，无毒无污染。

外婆的菜园里，一年四季，蔬菜累累。有时菜多了吃不完，就送给邻居和亲友吃。大家都称赞道："吃了外婆的菜，放心又自在，安全又无毒，身体长得快！"

怪 奶 奶

王雪凝

157

离我家不远处的一个小公园边上，住着一位专门收养流浪猫的怪奶奶，就是她，使我的心灵产生了强烈的震撼。

当我慢慢地了解她之后，也开始慢慢地理解她了。一个月两千元的养老金完全够她安享晚年了，但她却每个月都把一千二百元花在她的那群"宝贝孩子"——流浪猫的身上。

以前我觉得这怪奶奶脱离了正常人的思想，现在我认为她这样无私地奉献，已经升华到了一种高尚得常人无法领悟的境界了。

她曾做过两件令我感到奇怪的事，至今我还记忆犹新。

那是一个炎热的中午，夏鸣虫在窗外拼命地嘶喊着，这会儿，在空调房里看电视是最惬意不过的事了，她好不容易有了一点儿闲暇。突然，她听见了猫凄惨的叫声，她竟然连鞋子也顾不上穿，赤着双脚就跑下楼去。她愤愤地把那些欺负猫的男孩子们赶走之后，弯下腰抱起猫，心疼地说："小可怜哟——"我当时看到这一幕很是困惑：做了那么多，就为了那一群野猫，这是何苦啊？

又一天晚上，我看见她担心猫受到蚊子的袭扰，竟拿着一个电蚊拍在猫周围的空中舞来舞去。那张满是岁月印痕的脸上，绽放着慈祥的笑，笑得那样真实，那样幸福，简直可以用"如同梦幻一般"来形容。

就是她，这个收养流浪猫的怪奶奶，让我开始思考：真正的幸福不就是像她那样吗？默默地奉献着，默默地把爱带给那些需要爱的猫。

恩爱的老两口儿

汪诗雨

在我家，有一对可爱的老人，那就是我的爷爷和奶奶。

爷爷奶奶可是一对老夫老妻了，恩爱无比。他们之间的一个眼神、一句问候，都深深体现出浓浓的爱意。

秋高气爽，湛蓝的天空中那几朵洁白的云朵格外醒目。假期里，我们举家到雷波县的马湖景区游玩。爷爷的朋友邀约我们坐船游览马湖。马湖的水清、天蓝。湛蓝的天、洁白的云、葱郁的山、清澈的湖。船在湖中走，云在水中游，多么美丽怡人的马湖呀！湖心的小岛上，商贩摆出的彝族服装无比鲜艳。爷爷奶奶也准备穿上试试。穿着彝族服装的美丽"少女"奶奶与帅气的彝族"少年"爷爷，无比恩爱地站在一起，大家都投去了羡慕的目光！灿烂的笑容、动听的歌声，怎么会不幸福？

　　在我懂事时，爷爷就已患上了糖尿病，奶奶想尽一切办法来控制爷爷的病情。拜访名医、咨询患糖尿病康复的朋友，上网搜索治病方法，等等。奶奶从药物、饮食、锻炼各方面监督爷爷。爷爷的病也一天比一天轻了。可是爷爷就是愿意上医院测血糖。无奈之下，奶奶便带着我在乐山城里东奔西跑，不管大药房还是小药店、大医院还是小诊所，通通都跑了个遍，最后在一个药店里买到了测试血糖的血糖仪。看着奶奶满头大汗却笑容满面，我的心里也很高兴。

　　奶奶笑着叹了一口气，说："别看这小小的血糖仪，居然让我们俩跑遍了乐山城，总算是买到了。哎，这下可好了！"

　　在奶奶的严格监督下，爷爷定时测量血糖，按时吃药，坚持锻炼，并在饮食上注重调理。奶奶硬是把爷爷照顾得无微不至！

　　爷爷也十分疼爱奶奶，每次到外地出差都会给奶奶带许多精美的礼物回来。一有机会，老两口儿总是兴高采烈地出去游览祖国的大好山河，投身到大自然的美丽怀抱，去欣赏各地的优美风景。游玩回家后，他们会大秀游玩时拍摄的一张张恩爱的照片，充满无限乐趣！

　　这就是我白头偕老、恩爱无比的爷爷奶奶。老两口儿互相关心，体贴对方，真是一对幸福的老人！

159

竞选一家之主

张卜楠

亲爱的爸爸、妈妈：

你们好！我是你们的宝贝女儿——张卜楠。我这次的演讲，就是为了竞选"一家之主"的宝座。下面我来发表一下我的竞选演说。

首先，我来说说咱家的现状。原来妈妈是咱家的一家之主。老爸你常开玩笑地说："妮儿啊！在这个家里，你妈就是位'女皇帝'，你就是个'公主'，而你爸呢，充其量就是个'长工'！"这话的确没错。虽说我在老爸的眼里是个"公主"，但在我看来，"公主"也不是想干什么就干什么，想做什么就做什么的。因为事无巨细，我都要给我那亲爱的"母后大人"禀报一声，"女皇"降旨了，恩准了才行。反之，休想！不过，我嘛，还好说，不需要什么钱，因为"女皇"大人已经把我的衣、食、住、行都安排得妥妥的了。而老爸你可就惨了！你说说，你的工资卡、银行卡，这个卡、那个卡的，所有的钱，统统都由"女皇"保管。每次发工资，你都不知道自己这个月发了多少钱，而我妈却了如指掌。唉！老爸，你好悲惨呀！

但是，老爸的春天马上就要来了！如果我，你的宝贝闺女当上了一家之主，我会第一时间给老爸你留点儿私房钱。这样，老爸你就可以当个小土豪。因为我最知道劳动人民的疾苦了。怎么样，老爸，你

160

投不投我一票？

　　然后，"女皇"老妈也别生气。在周末，我会陪妈妈您逛逛街，让您容颜大悦的。怎么样，老妈，我体贴您吧？懂您吧？此外，即使我当上了一家之主，您还是我老妈，我还不是得听您的吗？哪有女儿不听妈妈的呢？所以，如果我当了一家之主，对您有百利而无一害，您尽可放一百二十个心在肚里。我，您还不懂吗？所以，这票您一定会投的，对吗？

　　最后，我也会更严格地管好我自己，拿出一家之主的派头来。当然，在学习的同时，也要学会玩。也就是要坚持：学要学得认认真真，玩要玩得酣畅淋漓。寒暑假，我还会带你们来一场说走就走的旅行，让我们一家人在美丽的大自然中美美地享受一番！让我们一家过上幸福美满的生活。待人宽，责己严，是我的处事风格。这是我当少先队大队长总结的经验。在咱家也一定适用。所以，我会投自己一票的！

　　怎么样，我的设想不错吧？投票的事，你们就看着办吧！你们是投呢？投呢？还是投呢？

你们的宝贝疙瘩：张卜楠

妈妈的盼望

余润卿

　　打开妈妈的手机，查完资料后，我调皮地想：嘻嘻，看看大人的手机里都藏着些什么秘密吧。于是，我打开妈妈的微信，点进朋友圈，看了起来。妈妈发的一条"朋友圈"令我最为震惊：

> 在润卿低年级的时候，每到母亲节，她都用她那会得少得可怜的英语为我做一张精美的贺卡。可是，现在润卿已六年级了，却再也没有为我做过一张贺卡，即便她的英语词汇量已经很多了……

我心里猛地像被打翻了五味瓶，酸甜苦辣咸一起涌上，那滋味可真不好受。

的确！低年级的时候，作业少，也没有什么兴趣班，我有时间为妈妈做贺卡。虽然那个时候，我画画和写字都不怎么好，做出来的贺卡也不怎么好看。可是，妈妈每次收到贺卡都会心花怒放，在她眼中，每份贺卡都是那么精致、珍贵。而随着年级越来越高，作业越来越多，连周末都要上兴趣班，我也就没时间为妈妈做贺卡了。看到妈妈的话，我想时间是可以挤出来的呀！为什么我没有挤出时间为妈妈做贺卡呢？

皱纹一点一点爬上妈妈的脸，妈妈那乌黑亮丽的头发里竟藏着几根银丝。妈妈已渐渐老了，而我还是那么不懂事。我后悔啊，不知不觉，几滴眼泪滴在了手上，冰凉凉的。妈妈觉察到我的异样，忙跑过来，关心地问我："润卿，怎么了？为什么哭？跟妈妈说说好不好？"我擦了擦眼泪，挤出一个微笑："妈妈，我没事，你去忙吧。""有事别憋在心里，快写作业吧！"望着妈妈离去的背影，我心里又多了几分歉疚。

一直以来，我都以自己为中心，却不知，父母也需要我们小孩子的关心。小时候的一个举动，竟让母亲铭记于心；小时候的一张贺卡，竟让母亲如此珍惜。

妈妈，你放心，今年母亲节，我一定为你做一张漂漂亮亮的贺卡！

幸福是什么？

苏叙尹

罗丹说："生活中不是缺少美，而是缺少发现美的眼睛。"我要说生活中不是缺少幸福，而是缺少感受幸福的心灵。幸福不是鲜花，不是他人热烈的掌声，也不在于拥有多少，而是去感受去享受那份自然和朴素的爱。

幸福是日常生活中窸窸窣窣的声音

透过纱窗，我可以看到黑夜正退去，青灰色的光亮像潮水一般涌进屋子，书架模糊的轮廓从黑暗中渐渐地清晰起来。四周静谧，才早上五点半。

就在这个时候，我听见了一阵窸窸窣窣的脚步声，接着是轻柔的开门声，我知道妈妈起床了。

脚步穿过客厅，我听见哗哗的流水声，我想妈妈肯定在洗锅，为我做早餐了。听见开火的声音，放菜的声音，水在锅里沸腾的声音，我能想象到此刻妈妈的额头上沁满了细细密密的汗珠。

不一会儿，我又听见一阵阵略显笨拙的步伐声，那是爸爸起床了，他并没有马上去洗漱，而是拿走我的眼镜，仔细地冲洗起来。爸爸说过，眼镜要及时冲洗，别蒙上灰尘，这样，世界才会更明亮。

过了很久，才听见"吱嘎"一声，我的房门被推开了。"起床了！"妈妈那香甜的声音响起，沁人心脾。

"怎么不早点儿叫我？"我嘟着嘴，撒起娇来。

温柔的声音从客厅飘来："想让你多睡会儿呀！"

此刻，我好幸福。

幸福是深情的守望

每天坐公交车回家，总能看到妈妈伫立在窗前深情地凝望着远处的大门。

想象着，当一辆辆公交车驶过小区门口，却没有发现女儿的身影，妈妈该是何等焦急和不安啊。今天，透过公交车的车窗玻璃，看着她那左右张望、焦急等待的目光，我的眼圈红了，默默地强忍着泪水。

泪眼蒙眬中，妈妈的背影成了一尊定格在我心灵深处的雕像。原来，幸福还在妈妈那深情的守望中……

幸福在不断传递的菜肴中

餐桌上，除了芳香四溢的饭菜外，我想，还有浓浓的亲情在弥漫。

开饭了，一家人围坐在一起，不管是爸爸妈妈，还是外公外婆，总是不停地给我夹菜，还不时地叮嘱着："吃慢点儿，别噎着。"最后，总把我的肚子撑得滴溜儿圆。

原来，幸福就在这不停传递的菜肴中。

"鱼痴"爷爷

郭庭宇

最近几天，爷爷从老家石门镇来到我家，陪我住几天。我爷爷他是个"鱼痴"，在老家，爷爷几乎每天都去河边钓鱼。他每天早晨六点起床，傍晚五点回来。如果下雨的话，他就在家里玩钓鱼的游戏，反正见不到鱼就浑身不舒服。这几天，他在我家整天坐立不安，整天嚷着要回去。爸爸没办法了就说："星期六咱们去钓鱼！"爷爷像吃了定心丹一样，接下来几天都乖乖地待在家里，连"走"字也不提了。

星期六，我们来到河边，爷爷仔细地观察着阳光朝向、风向和水深，选择了一个钓点。我们先用饵料打窝，拿起钓竿，装上了钓线，再把浮标装好，调整好浮标，抛了出去。结果水太深了，浮标沉了下去。爷爷拿出饵，用小剪刀剪了一点儿，卷在钓竿上，再次抛了出去，还是太深了。我不耐烦地说："加多一点儿不就行了吗？每次加那么少，还要加多少次呀！"爷爷说："你不懂，如果一次加多了，就太浅了，我们要慢慢地调到正好。"一切准备就绪，开钓。

初春的天气还是很冷的，爷爷坐在河边一动不动，眼睛直直地盯着浮标，眨也不眨一下，只怕错过一个鱼儿咬钩的机会。爷爷时而提提鱼竿，时而换换鱼饵，动作专业而利索，一副钓大鱼的样子。突然浮标猛地一沉，又浮了上来。爷爷疾速地提起鱼竿，一条大鱼在我们眼前出现，爷爷拿上起抄网，一抄，"咕咚"一声，虽然大鱼钓上来了，但爷爷的手机掉了。爷爷赶忙把鱼放在水桶里，接着抄自己的手机去了，但只抄上来一些碎石和水草。爸爸只好回家拿工具，费了九牛二虎之力才把手机捞上来，但爷爷没有管，继续钓。

时间过得飞快，一转眼到了晚上，回到家我又提起这件事，奶奶生气地说："钓鱼、钓鱼，手机都给鱼钓走了！"爷爷尴尬地笑了笑说："意外，意外。"大家都笑了。

当然，对我的爷爷来说，钓鱼可比手机重要得多，这就是我的"鱼痴"爷爷。